Natur erleben

Wald – Pflanzen, Tiere, Biotope

Natur erleben

Eckart Pott

Wald

Pflanzen, Tiere, Biotope

Otto Maier Ravensburg

Der Autor: Dr. Eckart Pott, Jahrgang 1948, Diplombiologe, Studium an den Universitäten Freiburg und Konstanz. Freischaffender Publizist mit den Schwerpunktthemen „Biologie", „Natur", „Umweltschutz", „Naturfotografie". Autor zahlreicher Zeitschriftenartikel und Bücher, die in mehreren Sprachen erschienen sind. Bekannter Naturfotograf, den ausgedehnte Reisen in die verschiedensten Regionen der Erde führen. Sein besonderes Anliegen ist die Darstellung und Vermittlung ökologischer Zusammenhänge.

Seite 2:
In diesem Laubwald herrschen Rotbuchen *(Fagus sylvatica)* vor. Die Bäume geben ein gefragtes Nutzholz. Deshalb werden sie häufig angepflanzt.

CIP-Titelaufnahme der Deutschen Bibliothek

Pott, Eckart:
Wald: Pflanzen, Tiere, Biotope / Eckart Pott. - Ravensburg: Maier, 1988
    (Natur erleben)
    ISBN 3-473-46094-X

© 1988 Ravensburger Buchverlag Otto Maier GmbH
Alle Rechte vorbehalten
Umschlaggestaltung: Ekkehard Drechsel
Umschlagfotos: Dr. Eckart Pott (Bild-Kunst Nr. 30 53 51)
Zeichnungen: Fred Butzke (Bild-Kunst Nr. 30 73 78)
Satz: Fotosatz Ruderer, Grünkraut
Gesamtherstellung: Himmer, Augsburg
Printed in Germany

92 91 90 89 88 5 4 3 2 1

ISBN 3-473-46094-X

Inhalt

Vorwort

„Als die Römer frech geworden", war Mitteleuropa noch überwiegend von „dusterm Wald" bedeckt. Frech werden konnten die Römer nur, weil sie zuvor in ihrem angestammten Gebiet den Wald abgeholzt und daraus Schiffe gebaut hatten, um andere Völker Europas, Vorderasiens und Nordafrikas Mores zu lehren. Die Spuren des Raubbaues an der Natur sind in Italien heute noch zu sehen; blanker Karst bestimmt vielerorts das Bild der Landschaft. Zeitlich verzögert und auf Grund der klimatischen Gegebenheiten mit weniger drastischen Folgen als weiter südlich gingen auch die Germanen und ihre Nachfahren mit der Axt zu Werke und wandelten Wald in Nutzflächen um. Im Zeitalter der Industrialisierung lief die Veränderung der Landschaft dann ziemlich rapide ab, und heute müssen wir fürchten, daß der Wald flächenweise abstirbt.

Diese historische Entwicklung unseres heutigen Landschaftsbildes wird im vorliegenden Buch, nach Klärung wesentlicher Begriffe, detailliert erläutert. Zentrales Anliegen ist aber, die ökologischen Zusammenhänge in dem bedeutendsten Ökosystem Mitteleuropas, dem Wald, zu erhellen. Diese wiederum kann man nur verstehen, wenn man auch die an den Nahrungsnetzen und Stoffkreisläufen beteiligten Organismen kennt. Der Vermittlung einer gewissen Formenkenntnis ist deshalb der mittlere Teil gewidmet. Im abschließenden Teil stehen die Nutzung und die Gefährdung des Waldes im Vordergrund. Und hier bekommt derjenige, der den Wald mit seinen zahlreichen Bewohnern aktiv kennenlernen will, Hinweise zum Beobachten und Bestimmen der vielfältigen Pflanzen- und Tierwelt. Der Text wird ergänzt durch sorgfältig ausgewählte Fotos und illustrierende oder erklärende Grafiken. Am Schluß findet der Leser eine Liste mit nützlichen Adressen und Hinweise auf die weiterführende Literatur.

Wenn aus dieser Entdeckungsreise in die Natur Wissen und Einsichten wachsen, die vielleicht sogar in engagierten Bemühungen um den Schutz unserer Natur enden, wäre ich mit meiner Arbeit zufrieden.

Dr. Eckart Pott

Ein Wald – was ist das?

Ein Wald – was ist das?

Ganz allgemein könnte man sagen: „Ein Wald ist eine Ansammlung von Bäumen!" Oder ein wenig präziser: Ein Wald ist „eine durch einen charakteristischen, mehr oder weniger geschlossenen Baumbestand, der mindestens 8 m Höhe erreicht, gekennzeichnete Lebensgemeinschaft von Pflanzen und Tieren". Wenn man wald- und forstwirtschaftliche oder auch biologische und ökologische Gesichtspunkte berücksichtigt, sieht eine Definition wieder etwas anders aus.

Urwald und Forst

Sinnvollerweise umschreibt man zunächst einmal den Urwald, denn er ist sozusagen die Form von Wald, die in einer Region auf Grund der jeweils herrschenden ökologischen Bedingungen natürlicherweise anzutreffen ist. Ein Urwald ist laut Definition „ein unberührter Wald, der also vom Menschen nicht genutzt und in den auch in anderer Weise nicht eingegriffen wird". Gegenüber dem Urwald auf der einen Seite kann man den Forst als „einen unter forstwirtschaftlichen Gesichtspunkten regelrecht bewirtschafteten, fest abgegrenzten Wald" auf der anderen Seite definieren.

In Mitteleuropa sind heute kaum noch Urwälder vorhanden, vielmehr fast ausschließlich vom Menschen gestaltete und mehr oder weniger stark genutzte Forste. Zwischen diesen beiden extremen Stufen der Waldbewirtschaftung sind die Wälder einzuordnen, die man vielleicht als „naturnah" beschreiben könnte.

Wenn hier schon von der Bewirtschaftung der Wälder gesprochen wird, so seien noch einige weitere Begriffe genannt, die bereits der Forstgeschichte angehören oder aber dem Forstmann noch geläufig sind. „Niederwald", „Mittelwald" und „Hochwald" sind solche Begriffe, die in etwa die Höhe des Baumbestandes, aber auch die Form der Bewirtschaftung kennzeichnen. Der Begriff „Plenterwald" bezieht sich auf eine spezielle Form des Holzeinschlags. Das Thema „Forstwirtschaft" wird im hinteren Teil des Buches noch eingehender behandelt.

Forst
Vom Menschen hauptsächlich zur Produktion von Holz angelegter Wald.

Ein typischer Blick über die hügelige Landschaft des Schwarzwaldes. Fichten *(Picea abies)* beherrschen das Bild. Forste dieser schnellwüchsigen und daher rasch Ertrag bringenden Baumart haben bei uns großflächig die natürlicherweise vorhandenen Mischwälder ersetzt.

Betrachtet man die Zusammensetzung der Baumarten eines Waldes, kann man stärker differenzierende Begriffe finden. Besteht der Baumbestand ausschließlich aus Laubhölzern, nennt man ihn Laubwald. Dominieren dagegen Nadelbäume, spricht man von Nadelwald. Sind Laub- und Nadelbäume gleichmäßig vertreten, bietet sich der Begriff Mischwald an. Da die Baumartenzusammensetzung unserer Wälder fast immer vom Menschen beeinflußt ist und deshalb auch einartige Wälder in reichem Maße vorkommen, kann man im Falle einer Monokultur der Fichte, der Kiefer oder einer anderen Baumart von einem Fichtenwald bzw. – richtig – einem Fichtenforst, einem Kiefernwald usw. sprechen. Botaniker und Ökologen sind mit dieser Klassifizierung aber nur bedingt zufrieden.

Klassifizierung der Baumarten

Wo der Untergrund feucht ist, wie hier an einem Altwasser am Rhein, bilden sich Bruchwälder mit Weiden, Pappeln und Erlen aus.

Pflanzengesellschaften

Zur Kennzeichnung von Pflanzenbeständen – und damit auch der unterschiedlichen Waldtypen – steht außerdem noch das Vokabular der Vegetationskunde oder Pflanzensoziologie zur Verfügung. Dieser Zweig der Botanik beschäftigt sich mit der Erforschung von Pflanzengemeinschaften, ihrer Abhängigkeit von den ökologischen Bedingungen, aber auch ihrer geschichtlichen Entwicklung, und anderen Fragen. Die Pflanzensoziologie ist zwar ein recht wenig bekanntes Feld der biologischen Forschung, von ihr sind aber wichtige Impulse für das Verständnis unserer Umwelt und für den Natur- und Umweltschutz ausgegangen.

Ein wichtiges Ziel der Pflanzensoziologie ist die Einteilung der Vegetation in Pflanzengesellschaften, in kleine Einheiten also, die man genauso handhaben kann wie etwa die einzelnen Pflanzen- oder Tierarten. Nach einem bewährten System der Pflanzensoziologie sind die Strauchgesellschaften und Wälder Mitteleuropas in folgende Klassen (darunter einige typische Verbände als Untereinheiten) zu ordnen:

Vegetation
Pflanzenwelt eines bestimmten Gebietes.

Klasse: Ufer-Weidengebüsche und -wälder
Grauweidengebüsche, mitteleuropäische Weiden- und Pappelgesellschaften

Klasse: Eurosibirische Schlehengebüsche
Subatlantische Brombeerhecken, kalk- und wärmebedürftige Gebüsche

Klasse: Bruchwälder und -weidengebüsche
Grauweidengebüsche, Erlenbruchwälder

Klasse: Schneeheide-Kiefern-Wälder

Klasse: Fichtenwälder und kontinentale Kiefernwälder
Mitteleuropäische Fichten- und Lärchenwälder, Sand-Kiefernwälder

Klasse: Birken-Eichen-Wälder

Klasse: Artenreiche, eurosibirische Fallaubwälder
Hartholz-Auenwälder, Eichen-Hainbuchen-Mischwälder, Rotbuchenwälder

Diese Gliederung in Pflanzengesellschaften mag trocken erscheinen, aber in der Biologie ist es einfach notwendig, Ordnung in die Vielfalt der Formen und Lebenserscheinungen zu bringen. Ordnung und entsprechende Fachbegriffe sind aber nie Selbstzweck, sondern dienen der eindeutigen Verständigung der Wissenschaftler untereinander. Diese ist wichtig, weil auf ökologische Fragen heute weltweit Antworten gefunden werden müssen.

Der Wald hat Geschichte

Mittlerweile haben wir uns daran gewöhnt, den Planeten Erde auch mit den Augen eines Astronauten zu sehen. Auf den Fotos, die von Raumfahrzeugen aus aufgenommen werden, dominieren die Farben Blau, Rotbraun und vor allem Weiß. Die Bilder zeigen aber, so faszinierend sie sind, nur die halbe Wahrheit. Blau erscheint das Wasser, rotbraun erscheinen die Landmassen und weiß die Wolken. Es gibt also auf der Erde Wasser, Land und eine Atmosphäre – Voraussetzungen, um Leben zu ermöglichen. Grün dagegen, die Farbe des (pflanzlichen) Lebens, ist aus dem Weltraum nicht zu sehen, und gerade das Leben ist es, was die Erde so einzigartig macht.

Man nimmt heute an, daß das Universum in einem „Urknall" vor 15 Mrd. Jahren entstanden ist. Das Alter der Erde wird auf 4,5 Mrd. Jahre geschätzt, und erste Formen von Lebewesen haben sich vor etwa 3,5 Mrd. Jahren entwickelt. Vor 1 Mrd. Jahren traten die ersten primitiven Pflanzen auf. Erst danach konnten sich mehrzellige Tiere entfalten. Vor 600 Mio. Jahren gab es Schwämme, Hohltiere, Weichtiere und Stachelhäuter, vor 500 Mio. Jahren die ersten Wirbeltiere. Die ersten Nacktfarne, Schachtelhalme und etwas später die Schuppenbäume werden bei 400 Mio. Jahren veranschlagt. Vor 280 Mio. Jahren entwickelten sich die Blütenpflanzen. Der Urvogel Archaeopteryx, die Saurier und die ersten Säugetiere sind auf ein Alter von 200 Mio. Jahren anzusetzen. Vor 4 bis 3 Mio. Jahren wird der Übergang vom Tier zum Menschen angenommen. Frühe fossile Fundstücke vom Jetztmenschen werden auf ein Alter von 40 000 Jahren geschätzt.

Dies alles sind Zeiträume, die mit dem Leben eines einzelnen Menschen nicht zu vergleichen sind. Was sind schon 70 oder 80 Jahre, wenn bereits die ältesten lebenden Bäume (Borstenkiefer) auf ein Alter von 4 600 Jahren geschätzt werden!? Dennoch soll hier noch ein wenig weiter in langen Zeiträumen gedacht werden, damit die heutige Vegetation der nördlichen Erdhälfte in ihrer historischen Entwicklung verständlich wird.

Die Erde – der grüne Planet

Die Vegetation der Nordhalbkugel

Um die heutige Vegetation zu verstehen, sei ein Rückblick auf den Zeitraum der letzten 2 Mio. Jahre erlaubt. Zu dieser Zeit herrschte auf der Nordhalbkugel, die hier herausgegriffen werden soll, ein überdurchschnittlich warmes und ausgeglichenes Klima, etwa vergleichbar dem der heutigen Tropen und Subtropen. In den gemäßigten Breiten gedieh eine immergrüne tropisch-subtropische Vegetation mit dem Charakter eines Regenwaldes. In den Wäldern waren beispielsweise Familien wie die Lorbeergewächse, Maulbeergewächse und Nußbaumgewächse, daneben Palmen und tropische Farne vertreten. Nach Norden hin bedeckten artenreiche, sommergrüne Laub- und Nadelmischwälder weite Flächen. Einige der in diesen Wäldern vertretenen Gattungen von Bäumen sind heute noch in Europa vertreten. Daneben traten andere Gattungen auf, die in Europa heute ausgestorben sind, zum Teil aber noch in den südlichen Teilen Nordamerikas vorkommen. Diese sogenannte arktotertiäre Flora bildete das Ausgangsmaterial für die weitere Entwicklung der Vegetation auf der Nordhalbkugel.

Im Laufe langer Zeiträume setzte nun eine immer stärkere Abkühlung ein, die in den Eiszeiten ihren Höhepunkt fand. Auf den Kontinenten lagen jetzt große Eismassen, die Dicken von 3 km und darüber erreichten – Verhältnisse, die mit denen im heutigen Grönland vergleichbar sind. Die Vegetation hat damals in etwa das Aussehen gehabt, das wir heute noch in den arktischen Gebieten finden: Zwergstrauchtundren, Seggenmoore, artenarme Wasserpflanzengesellschaften. Andere Pflanzengesellschaften waren auf Grund der drastisch veränderten klimatischen Verhältnisse nach Süden abgedrängt worden. Die in West-Ost-Richtung verlaufenden Alpen hinderten viele Arten der arktotertiären Flora an einem weiteren Ausweichen nach Süden. In der Folge starben viele wärmeliebende Arten aus, oder es bildeten sich Lücken in der Verbreitung.

Als sich die klimatischen Bedingungen in der Nacheiszeit wieder verbesserten, konnten viele Pflanzenarten aus ihren südlichen Refugialräumen wieder nach Norden vordringen. Entsprechend ihrer jeweiligen Ökologie eroberten sie nach und nach ihr in den Eiszeiten verlorengegangenes Terrain zurück.

Nach den Eiszeiten

Seit dem Ende der letzten Eiszeit folgten in Mitteleuropa jeweils unterschiedliche Pflanzengemeinschaften zeitlich aufeinander. Als es nach der sogenannten Tundrenzeit wärmer wurde, konnten sich Wälder und andere anspruchsvollere Pflanzengemeinschaften wieder ausbreiten. Von etwa 10 000 vor Christus an dominierten nacheinander verschiedene Waldgesellschaften, die jeweils von Baumarten mit bestimmten Klimaansprüchen geprägt wurden. Zunächst breiteten sich Birken- und Kiefernwälder aus. Diese Zeit nennt man deshalb Birken-Kiefern-Zeit. Das Bild des Waldes glich damals etwa dem, das wir heute in Lappland vorfinden. Mit dem weiteren Abschmelzen der Eismassen wurde es noch wärmer, und besonders der Haselstrauch prägte das Bild der Vegetation. Man nennt diese Zeit deshalb Haselzeit. Eichen, Ulmen, Linden, Ahornarten und Eschen, aber auch Erlen und Kiefern drängten nach, und die bisher vorherrschenden Birken-Kiefern-Wälder wurden nach Norden abgedrängt.

In der darauffolgenden Eichen-Mischwald-Zeit setzten sich Eichenarten durch. Kiefern fanden sich – ähnlich wie heute – nur noch auf armen Sandböden. In sumpfigen Niederungen breiteten sich Erlen-Bruchwälder aus. In den Mittel- und Hochgebirgen setzte sich die Fichte durch. Schließlich kam es zu einer Ausdehnung der Areale von Rotbuche, Hainbuche und Tanne – die Buchenzeit setzte ein. Die genannten Baumarten drangen auch in die Gebirgswälder ein, so daß sich nach und nach folgendes Bild der Vegetation zusammensetzte: In niedrigen Lagen herrschten Buchenwälder vor, die nach Osten hin von Hainbuchenwäldern ersetzt wurden. In Gebirgslagen standen Mischwälder aus Rotbuche, Tanne und Fichte.

Auch wenn man Mitteleuropa als „Waldland" bezeichnen kann, gibt es doch von Natur aus waldfreie Standorte. Im Gebirge erreicht der montane Fichtenwald in 1 600 bis 1 800 m Höhe die Baumgrenze. Oberhalb folgen ein Gürtel mit Krüppelkiefern oder Latschen (Pinus mugo), dann die Bergmatten, und schließlich wachsen nur noch wenige Blütenpflanzen und ein paar Flechten, bis in der Zone ewigen Schnees keinerlei Pflanzenwachstum mehr möglich ist.

Zunächst griff der Mensch nur stellenweise und nicht sehr intensiv in die natürliche Vegetation ein. Er spielte noch eine mehr oder weniger teilnehmende Rolle in der Natur und beeinflußte das biologische Gleichgewicht kaum. Dies änderte sich, je stärker sich Ackerbau und Viehzucht entwickelten. Zunehmend machte sich der Mensch unabhängiger von den ökologischen Bedingungen, die Bevölkerung nahm zu, und die Vegetation wurde schließlich durch den Einsatz von Maschinen immer schneller, großflächiger und brutaler verändert.

Mit anderen Worten: Europa ist von der natürlichen Vegetation her ein Waldland, das im Laufe der Geschichte in eine Kulturlandschaft umgewandelt wurde. Diese Landschaft umfaßt Siedlungen, Felder, Grünland, Feldgehölze, Hecken

Waldland wird Kulturlandschaft

Waldland wird Kulturlandschaft

15

Aufteilung der Fläche der Bundesrepublik nach Nutzungsarten

Gesamtfläche	24,87 Mio. ha
Gebäude- und Freifläche	1,49 Mio. ha
Betriebsfläche	0,13 Mio. ha
Erholungsfläche	0,15 Mio. ha
Verkehrsfläche	1,21 Mio. ha
Landwirtschaftsfläche	13,72 Mio. ha
Waldfläche	7,36 Mio. ha
Wasserfläche	0,44 Mio. ha
Flächen anderer Nutzung	0,37 Mio. ha

(Stand 1985)

und Ödlandflächen. Wir finden also heute große entwaldete Gebiete in Mittel- und vor allem in Südeuropa.

Selbstverständlich darf nicht übersehen werden, daß es auch von Natur aus waldfreie Standorte in Europa gibt, etwa Trockengebiete, die Moore, die Meeresküsten und Gebiete mit zu kurzer Vegetationsperiode wie die höchsten Lagen der Gebirge und der hohe Norden.

Aber auch die verbliebenen Waldbestände sind heute nicht mehr in dem Zustand, der den ökologischen Bedingungen entspräche. Im Gegenteil: Der Mensch hat auch hier etwa seit dem Mittelalter verändernd eingegriffen, besonders was die Zusammensetzung der Baumarten angeht. Grob gesagt ist der Anteil der Laubbäume zurückgegangen, dafür hat der Anteil der Nadelbäume zugenommen. Dies ist im wesentlichen darauf zurückzuführen, daß verstärkt Fichten angepflanzt wurden. Als relativ anspruchsloser und vor allem schnellwüchsiger Baum bringt die Fichte in überschaubaren Zeiträumen hohen Ertrag. Deshalb finden wir heute anstelle der ursprünglich vorhandenen Mischwälder über weite Strecken reine Fichtenforste. Man spricht hier von sogenannten Monokulturen, weil nur eine Pflanzenart (hier die Fichte) in geschlossenem Bestand angepflanzt wird. Da solche Monokulturen ökologisch recht instabil sind, können sie etwa bei starker Vermehrung von Schädlingen erheblich geschädigt werden.

Auf Grund ökologischer Einsichten und einer Verschiebung in der Nutzung der Wälder gehen die Förster heute dazu über, verstärkt Mischbestände aufzubauen. Die Artenzusammensetzung der Wälder wird sich also in Zukunft – gelenkt vom Menschen – erneut verändern.

Monokultur
Anpflanzung einer einzigen Pflanzenart auf großen Flächen (z. B. Fichtenmonokultur). Solche einartigen Pflanzenbestände bieten nur eine begrenzte Anzahl ökologischer Nischen. Sie sind daher ökologisch weniger stabil als Mischbestände. Das ökologische Gleichgewicht ist nur unter Energieaufwand (z. B. in Form von Schädlingsbekämpfungsmaßnahmen) aufrechtzuerhalten.

Ökologie des Waldes

Ein Baum als Lebensraum

Einen einzelnen Baum als Lebensraum zu betrachten, das mag auf den ersten Blick verwundern. Dennoch ist ein Baum nicht etwa nur eine große Pflanze. Vielmehr kann man – beispielsweise an einer ausgewachsenen Eiche – mehrere Bereiche gegeneinander abgrenzen: Unter der Erdoberfläche liegt das umfangreiche Wurzelwerk. Am Fuß des Stammes zeigen sich meist schon die Ansätze dieses unterirdischen Teiles der Pflanze. Nach oben hin folgt der dicke Stamm, durch eine rissige Borke nach außen abgegrenzt. Im Inneren des Stammes liegen unterschiedliche Holzschichten. Im oberen Bereich geht der Stamm in die Äste und Zweige über. Diese bilden zusammen mit dem Laub die Krone der Eiche. So betrachtet, kann man sich vorstellen, daß auf und in einem Baum andere Pflanzen und Tiere Nahrung und Unterschlupf finden. Beispielsweise hat man ermittelt, daß bei uns an und von Eichen mehr als 1 000 Insektenarten leben. Tausende von Individuen von rund 250 Insektenarten können an einer einzigen ausgewachsenen Eiche gezählt werden. Aber nicht nur Insekten bietet eine einzelne Eiche Lebensraum, sondern auch anderen Lebewesen.

Ökologie
Lehre vom „Haushalt der Natur". Die Ökologie ist eine Teildisziplin der Biologie, die die Wechselwirkungen der Lebewesen mit ihrer Umwelt und die Beziehungen der Lebewesen untereinander erforscht. Teilgebiete der Ökologie sind die Meeresbiologie, die Limnologie (Ökologie des Süßwassers) und die terrestrische Ökologie.

Wurzeln
Zwischen den Wurzeln etwa mag ein Fuchs *(Vulpes vulpes)* oder ein Dachs *(Meles meles)* seinen Bau anlegen. Vielleicht hat hier auch nur die kleine Waldmaus *(Apodemus sylvaticus)* ihr Loch.

Borke
Auf der Borke des Baumes können sich Algen und Moose ansiedeln, vor allem auf der Seite des Stammes, die den meisten Niederschlag erhält. Auch viele Kleintiere leben auf ihr, ja, es ist eine ganze spezialisierte Welt von Kleintieren versammelt, wenn man einmal genauer nachsieht. Die Kleintiere locken ihrerseits Tiere an, die sich von ihnen ernähren. Der Kleiber *(Sitta europaea)* beispielsweise ist der einzige europäische Vogel, der an einem Baumstamm auch mit dem Kopf nach unten abwärts klettern kann. Mit seinem kräftigen Schnabel legt er die in der Borke versteckten Tiere frei. Im

Gegensatz zum Kleiber klettern die Baumläufer die Stämme nur ruckweise in Spiralen aufwärts. Mit ihrem feinen, gebogenen Pinzettenschnabel holen sie Kleintiere selbst aus feinsten Ritzen heraus, und hinter abstehenden Borkenstücken legen sie ihre Nester an und ziehen dort ihre Jungen groß.

Stamm

Eine ganz besonders an das Leben auf Bäumen angepaßte Vogelfamilie sind die Spechte. Sie können an Baumstämmen wie die Baumläufer nur hinaufklettern. Dabei helfen ihnen die Klammerfüße mit den zwei nach vorne und zwei nach hinten gerichteten Zehen; der kräftige Schwanz stützt sie ab. Mit dem Meißelschnabel zimmern sie sich ihre Bruthöhlen selbst. An einer Eiche suchen Spechte also Nahrung, sie kön-

1 = Star, 2 = Sperber,
3 = Mäusebussard am Horst,
4 = Eichelhäher,
5 = Eichhörnchen am Kobel,
6 = Buntspecht,
7 = Waldkauz,
8 = Eichengallen,
9 = Eichenwickler,
10 = Eichenwickler-Raupe,
11 = Kleiber,
12 = Baumläufer,
13 = Zilpzalp,
14 = Mönchsgrasmücke,
15 = Waldmaus,
16 = Blaumeise,
17 = Fuchs,
18 = Eichenbock,
19 = Dachs

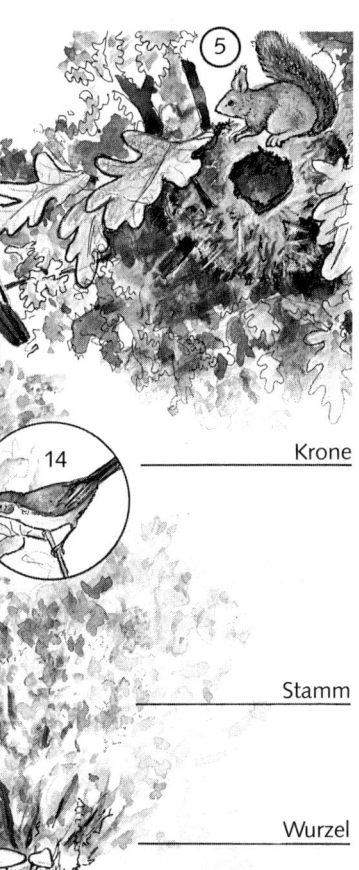

Krone

Stamm

Wurzel

Eine ausgewachsene Eiche bietet einer Vielzahl von anderen Organismen Lebensmöglichkeiten. Betrachtet man nur einmal die reichhaltige Tierwelt, so wird bereits deutlich, daß ein einzelner Baum als Lebensraum mit vielen ökologischen Nischen angesehen werden kann.

Ökologische Nische
Summe der Umweltfaktoren, die einer Art die Existenz ermöglicht. Es ist damit kein Ort gemeint, vielmehr die besonderen Wechselwirkungen dieser Art mit ihrer Umwelt.

nen aber auch im Inneren des Stammes ihre Jungen aufziehen. Die Höhlen wiederum stehen in der nächsten Brutsaison anderen Vögeln zur Verfügung. Der Star *(Sturnus vulgaris)* beispielsweise benutzt gerne alte Spechthöhlen, aber auch die Meisen, der schon erwähnte Kleiber und andere Höhlenbrüter. Ist die Baumhöhle groß genug, finden dort auch Fledermäuse und sogar Eulen Unterschlupf. Auch Kleintiere dringen ins Innere des Stammes vor. Die Borkenkäfer etwa bohren in der Rinde, die Larven des Eichenbocks *(Cerambyx cerdo)* im Holz ihre Fraßgänge.

Blätter
Insekten fressen auch an den Eichenblättern, so die Raupen des Eichenwicklers *(Tortrix viridiana)*. Im Inneren der Blätter leben die Larven weiterer Insektenarten, die das Blattgewebe minieren. Und schließlich stechen die Eichengallwespen *(Cynips quercusfolii)* die Blätter an, um diese zur Bildung von Gallen anzuregen. In den kugeligen Gebilden wachsen die Larven heran.

Krone
Zwischen den Blättern und Zweigen der Baumkrone spannt manche Spinne ihre Fangfäden oder -netze aus. Den Kleintieren wiederum stellen alle möglichen Vögel nach. Laubsänger und Grasmücken suchen die Eiche regelmäßig nach Nahrung ab. Und wo Kleinvögel unterwegs sind, fallen sie bisweilen dem Sperber *(Accipiter nisus)* zum Opfer.
In der Krone können schließlich die Rabenkrähe *(Corvus corone)* oder der Mäusebussard *(Buteo buteo)* ihre Horste anlegen. Auch das Eichhörnchen *(Sciurus vulgaris)* errichtet dort seinen Kobel. Nahrung für diesen Nager ist ja genügend vorhanden, denn die Eicheln werden vom Eichhörnchen gerne gefressen. An ihnen tut sich im übrigen auch der Eichelhäher *(Garrulus glandarius)* gütlich, der die Eicheln allerdings meist vom Boden aufnimmt. Da der Vogel Eicheln auch als „Wintervorrat" zwischen Wurzeln und Laub versteckt, aber nur einen kleinen Teil davon wiederfindet, trägt er dazu bei, daß neue Eichen heranwachsen können.
Um eine einzelne Eiche herum herrscht also vielfältiges Leben. Ein einzelner Baum ist ein Lebensraum für sich, der viele ökologische Nischen bietet. Mit diesem Begriff sind die verschiedenen Lebensweisen gemeint, die Organismen hier verwirklichen können. Man könnte im übertragenen Sinne den „Beruf" eines Lebewesens darunter verstehen.

Ähnlich wie man an einem einzelnen Baum den Wurzelraum, den Stamm und den Bereich der Krone gegeneinander abgrenzen kann, kann man auch in einem gemischten, naturnahen Bestand von Bäumen eine vertikale Gliederung feststellen. Insgesamt bildet sich in einem Mischwald typischerweise ein stockwerkartiger Aufbau heraus.

Boden- oder Moosschicht

Zuunterst liegt eine Schicht aus Fallaub, abgestorbenen Pflanzen und Tierresten dem Boden auf. In dieser Schicht und den oberen Zentimetern des darunterliegenden Oberbodens leben unzählige kleine und kleinste Bodenbewohner: Bakterien, Pilze, Algen, Springschwänze, Milben und viele andere. Insgesamt zersetzen sie die organischen Stoffe, bauen sie um und führen die bei ihrer Tätigkeit entstehenden Nährstoffe dem Boden wieder zu, so daß diese den Pflanzen erneut zur Verfügung stehen. Stellenweise ist der Boden mit Flechten und Moosen überwachsen. Die Moose haben eine besonders wichtige Funktion: Sie nehmen über die Blättchen Wasser auf und geben es nach und nach wieder an die Umgebung ab. Dadurch kommt es zu einer relativ aus-

Der Stockwerkbau im Mischwald

In einem solchen abwechslungsreichen und gut strukturierten Wald finden viele Pflanzen und Tiere Lebensraum.

geglichenen Feuchtigkeit im Oberboden und im Wald überhaupt. Die Schicht bezeichnet man als Boden- oder Moosschicht.

Krautschicht

Am Waldboden wachsen viele verschiedene krautige Pflanzen. Im zeitigen Frühling entfalten sich hier die Frühblüher wie Buschwindröschen *(Anemone nemorosa)*, Leberblümchen *(Anemone hepatica)* und Hohe Schlüsselblume *(Primula elatior)*. Nachdem sich das Laub der Waldbäume entwickelt hat, sind die Strahlungsverhältnisse im Bestand drastisch verändert. Den Pflanzen steht am Boden nur noch ein geringer Bruchteil der gesamten einfallenden Strahlung zur Verfügung. Jetzt kommen diejenigen Pflanzenarten zur Blüte, die an die relative Lichtarmut angepaßt sind. In ihrer Gesamtheit bilden die krautigen, nicht sehr hohen Pflanzen am Waldboden die Krautschicht.

Strauchschicht

Die dritte Schicht wird durch die zwischen den Bäumen wachsenden Sträucher – Traubenholunder *(Sambucus race-*

In naturnahen Mischwäldern findet man einen stockwerkartigen Aufbau der Pflanzendecke. Er kann je nach den herrschenden Standortbedingungen variieren. Die Zahlenangaben sind daher nur orientierende Werte.

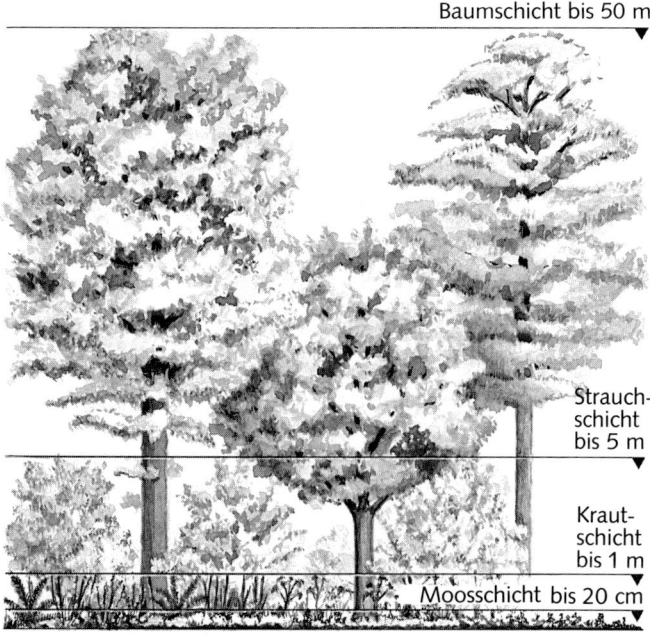

Baumschicht bis 50 m

Strauchschicht bis 5 m

Krautschicht bis 1 m

Moosschicht bis 20 cm

Der Stockwerkbau im Mischwald

mosa), Rote Heckenkirsche *(Lonicera xylosteum)* und viele weitere Arten – gebildet. Zwergsträucher wie die Heidelbeere *(Vaccinium myrtillus)* und die Preiselbeere *(Vaccinium vitis-idaea)* bilden auf Grund ihrer niedrigen Höhe den Übergang zur Krautschicht. Daneben gibt es andere Sträucher (und die jungen Bäume), die mehrere Meter hoch werden.

Baumschicht

Über die Strauchschicht erheben sich die Bäume. Wie die Sträucher, haben auch die Bäume unterschiedliche Höhen. Der eine Baum hat in einer Höhe schon seine Krone, wo der andere noch den Stamm hat. Als Abschluß nach oben bilden die Kronen der verschiedenen Baumarten ein mehr oder weniger geschlossenes Dach. Auch diese Schicht – die Baumschicht – hat für den Wald ihre besondere ökologische Bedeutung. Vor allem prägt sie die ökologischen Bedingungen in den darunterliegenden Schichten. Durch die Dichte des Baumbestandes wird das Strahlungsklima im Innern der Bestände bestimmt. Starke Niederschläge werden in den Baumkronen gebremst, das Regenwasser langsam nach unten abgeleitet. Schließlich liefern die Bäume große Mengen an Fallaub, das zu Boden fällt und in der Bodenschicht wieder abgebaut wird.

In einem stockwerkartig aufgebauten Mischwald finden auf Grund der vertikalen (und natürlich auch der horizontalen) Strukturierung des Pflanzenbestandes eine Fülle von Lebewesen zusagende Lebensbedingungen. In einem gut strukturierten Pflanzenbestand steht ein reichhaltiges Angebot an verschiedenartigen Wohn- und Aufenthaltsräumen, an Verstecken, an Nahrung und Ernährungsmöglichkeiten – kurz: ökologischen Nischen – zur Verfügung.

Lebewesen besetzen ökologische Nischen

Insekten

Greift man aus der Fülle der tierischen Besiedler eines Mischwaldes die Insekten heraus, so stellt man fest, daß sie ein vielfältiges Nahrungsangebot finden, ohne daß eine bestimmte Nahrung allein und im Überfluß vorhanden wäre. Unter den Insekten gibt es eine Reihe von Schädlingen, die in der Forstwirtschaft nicht zu Unrecht gefürchtet sind. In einem Mischwald sind aber – im Gegensatz zu einem Fichtenforst – genügend Freßfeinde vorhanden, die diese Schädlinge in ihrem Bestand regulieren.

Vögel

Betrachtet man die Vögel, so wird verständlich, was es bedeutet, wenn ein Lebensraum vielfältige ökologische Nischen aufweist. Waldlaubsänger *(Phylloscopus sibilatrix)* oder Rotkehlchen *(Erithacus rubecula)* finden als Bodenbrüter Möglichkeiten genug, ihre Nester gut versteckt am Boden anzulegen. Amsel *(Turdus merula)* und Singdrossel *(Turdus philomelos)* brüten halbhoch in Büschen und jungen Bäumen. Sie legen ihre Nester frei auf Zweigen und Ästen an und finden im Mischwald genügend geeignete Plätze. In die Stämme der Bäume können Spechte ihre Höhlen zimmern und dort brüten. Die verlassenen Spechthöhlen wiederum werden von anderen Höhlenbrütern, die keine eigenen Höhlen bauen können, genutzt. Hierzu gehören der Star, die Meisen, Kleiber, Hohltaube *(Columba oenas)*, Rauhfußkauz *(Aegolius funereus)* und viele andere Vogelarten. In den Kronen vor allem der Laubbäume bauen die Rabenkrähe und Greifvögel wie Mäusebussard und Habicht *(Accipiter gentilis)* ihre Horste. Wenn die Horste von ihren Erbauern nicht mehr benutzt werden, können dort Waldohreulen *(Asio otus)* einen geeigneten Brutplatz finden.

Ähnliches kann man aufzeigen, wenn man die Ernährung der Vögel betrachtet. Einige Arten suchen am Boden Nahrung, andere auf der Baumrinde, wieder andere im Blätterwald der Baumkronen. Manche fressen Knospen und Früchte von Pflanzen, andere Insekten und Spinnen, und wieder andere Vogelarten – unter den Greifvögeln und Eulen hauptsächlich – fressen kleine Vögel und kleine Säugetiere. Die Greifvögel jagen tagsüber, während die Eulen in der Dämmerung auf Jagd gehen. Auf diese Weise wird das Beuteangebot sogar entsprechend den Tageszeiten unterschiedlich genutzt und Konkurrenz vermieden.

An diesen wenigen Beispielen zeigt sich also schon, daß man im Mischwald mit einer artenreichen Avifauna rechnen kann, und jede Vogelexkursion bestätigt das in der Praxis.

Säugetiere

Wie bei den Vögeln, zeigt sich auch bei den Säugetieren eine Besetzung unterschiedlicher ökologischer Nischen. Einige Arten ernähren sich am Boden von Insekten und anderen Kleintieren, andere fressen die Pflanzen oder deren Früchte und Samen. Das Eichhörnchen ernährt sich sowohl am Boden wie in den Baumkronen; es überstreicht räumlich und von der Art der Nahrung her einen weiten Bereich. Der

Baummarder *(Martes martes)* stellt dem Eichhörnchen nach. Fledermäuse wiederum jagen in der Luft fliegende Insekten. Sie sind in der Dämmerung und sogar nachts aktiv und können dann Beute machen, die anderen Insektenfressern auf Grund der Tageszeit nicht zugänglich ist.

In einem naturnahen Mischwald lebt eine große Vielfalt von Lebewesen zusammen. In einer reinen Fichtenmonokultur ist zwar die Artenzahl wesentlich geringer, aber auch hier lebt noch eine Reihe von Lebewesen.
Zwischen den Lebewesen eines Waldes bestehen nun vielfältige Beziehungen. Beispielsweise frißt die Kohlmeise *(Parus major)* die Raupen von Schmetterlingen, das Eichhörnchen die Nüsse des Haselstrauches *(Corylus avellana)*, das Wildschwein *(Sus scrofa)* im Boden lebende Engerlinge und Eicheln. Wenn man lange genug in einem Wald Beobachtungen anstellt, so werden viele weitere solcher Nahrungsbeziehungen deutlich: Die Borkenkäfer fressen das Holz von Bäumen, die Raupe des Eichenwicklers frißt Eichenblätter, der Sperber macht Jagd auf Kleinvögel, der Baummarder frißt das Eichhörnchen, das Reh *(Capreolus capreolus)* äst Gräser und Kräuter auf der Waldwiese.

Nahrungskette

Man kann jetzt versuchen, diese Einzelbeobachtungen in folgender Weise zu verknüpfen: Die Raupe des Eichenwicklers frißt Eichenblätter, die Kohlmeise frißt die Raupe, der Sperber frißt die Kohlmeise. Eine solche Beziehung bezeichnet man als Nahrungskette. Solche Nahrungsketten können auch länger sein als in dem genannten Beispiel: Der robuste Waldkauz *(Strix aluco)* kann den Sperber greifen.
Nahrungsketten können verzweigt sein: Die Kohlmeise frißt nicht nur die Raupe des Eichenwicklers, sondern auch den Falter und darüber hinaus viele andere Insekten und deren Larven, Spinnen und andere Kleintiere. Der Sperber frißt nicht nur die Kohlmeise, sondern auch die Hauben- und die Tannenmeise *(Parus cristatus* und *P. ater)*, daneben viele andere Kleinvögel bis etwa Drosselgröße.
An dieser Stelle soll auch einmal die Rolle des Menschen sozusagen „ökologisch" betrachtet werden. Denn er steht vielfach am Ende von Nahrungsketten. Beispielsweise jagt er Wildschwein und Reh, die sich wiederum von anderen Lebewesen des Mischwaldes ernähren.

Nahrungskette, Nahrungsnetz, Nahrungspyramide

Die Lebewesen in einem naturnahen Mischwald stehen auf vielfältige Weise miteinander in Beziehung. Von grundlegender ökologischer Bedeutung sind die Nahrungsketten, die zu einem Nahrungsnetz verknüpft sind.

⟶ = erbeutet / verzehrt

1 = Waldkauz
2 = Sperber
3 = Baummarder
4 = Eichhörnchen
5 = Buntspecht
6 = Eichenblatt
7 = Kohlmeise
8 = Borkenkäfer
9 = Eichenwickler
10 = Eichenwickler-Raupe
11 = Eicheln
12 = Waldmaus
13 = Reh
14 = Fuchs
15 = Haselnüsse

Nahrungsnetz

Es können auch Vernetzungen mit anderen Nahrungsketten bestehen: Die Kohlmeise wird auch vom Waldkauz gefressen, der daneben Waldmäuse verzehrt, die sich ihrerseits von Kräutern und Pflanzensamen ernähren. Insgesamt bestehen zwischen den Lebewesen des Mischwaldes also außerordentlich vielfältige und teilweise sehr verwickelte Nahrungsbeziehungen. Diesem Sachverhalt wird das Modell auch verzweigter Nahrungsketten nicht mehr gerecht. Vielmehr gibt nur das komplexe Modell des Nahrungsnetzes einen der Realität in etwa angenäherten Eindruck der Verknüpfungen wieder. Ein solches Nahrungsnetz für einen bestimmten Waldtyp in allen Einzelheiten zu erarbeiten, bedeutet einen enormen Aufwand von Seiten der ökologischen Forschung.

Nahrungspyramide

Wenn man sich jetzt den zahlenmäßigen Bestand an Organismen in einem Wald vor Augen führt, gewinnt man sehr schnell den Eindruck, als gäbe es große Mengen an Pflanzen, weniger Insekten und andere Kleintiere, einige insektenfres-

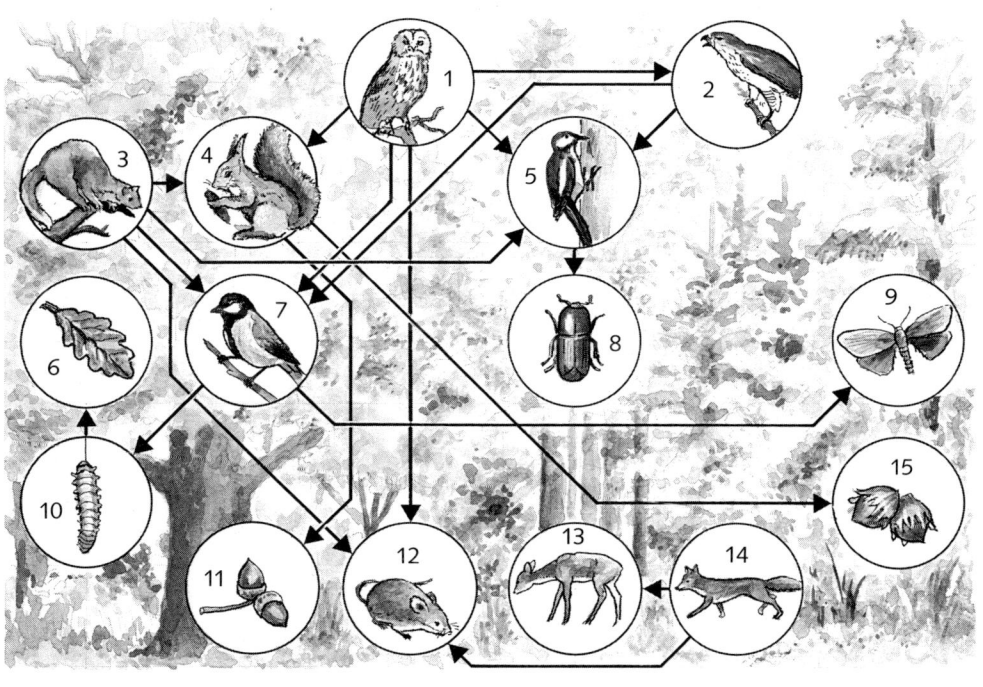

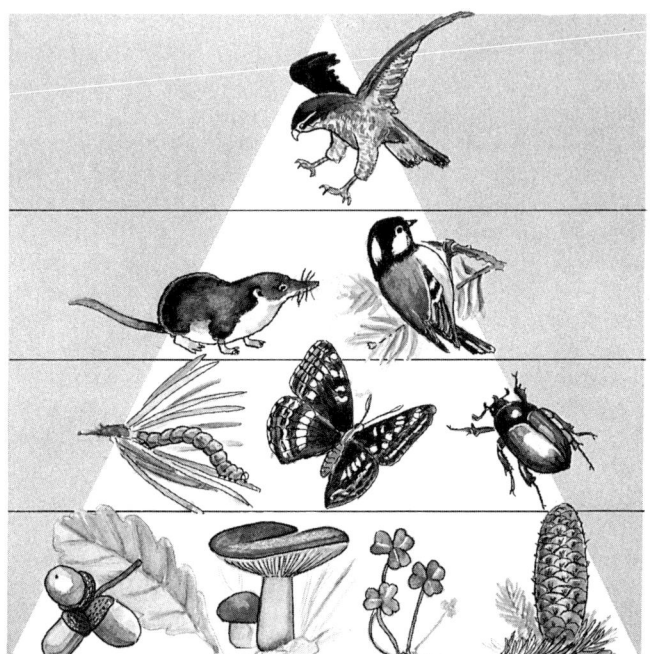

Die quantitativen Verhältnisse zwischen den Bewohnern des Waldes können mit Hilfe des Modells der Nahrungspyramide dargestellt werden.

sende Kleinvögel, aber nur ganz wenige Greifvögel wie den Sperber. Den zahlenmäßigen Bestand an Organismen kann man auch als sogenannte Biomasse (darunter versteht man die Gesamtheit der lebendigen Substanz in einem umrissenen Gebiet zu einem bestimmten Zeitpunkt) auffassen. Dann würde man sagen, die Biomasse der Organismen am Anfang von Nahrungsketten ist wesentlich größer als die der Organismen, die am Ende stehen. Diese quantitative Betrachtung läßt sich am Modell der Nahrungspyramide anschaulich machen.

Biomasse
Masse der lebendigen Substanz in einem bestimmten Gebiet zu einem bestimmten Zeitpunkt. Wollte man beispielsweise die Biomasse der krautigen Pflanzen in einem Wald angeben, so wäre sie etwa in „Gramm Trockengewicht pro Quadratmeter" (g TG/m²) auszudrücken.

Jede Stelle der Erde hat eine unterschiedliche Landschaftsform, eine unterschiedliche Pflanzen- und Tierwelt. Die jeweils herrschenden geomorphologischen, geologischen und klimatischen Gegebenheiten bedingen eine jeweils spezifische Ausprägung des Lebensraumes. Die ökologischen Faktoren, wie Sonneneinstrahlung, Temperatur, Luft- und Bodenfeuchtigkeit, sind in jedem Lebensraum (Biotop) so typisch, daß dort jeweils nur eine ganz bestimmte Lebensgemeinschaft (Biozönose) vorkommen kann. Biotop und Bio-

Biotop + Biozönose = Ökosystem

Biotop

= Lebensraum. Jeder Biotop zeigt spezielle ökologische Bedingungen, die bestimmten Pflanzen- und Tierarten an dieser Stelle das Leben ermöglichen.

Biozönose

= Lebensgemeinschaft. Gesamtheit der Lebewesen, die einen bestimmten Biotop besiedeln.

Fotosynthese

Chemischer Vorgang in den grünen Pflanzen, bei dem aus Wasser und Kohlenstoffdioxid mit Hilfe von Licht (Sonnenlicht) und Blattfarbstoffen (Chlorophyll) Kohlenhydrate und Sauerstoff hergestellt werden.

Organische Stoffe

Gruppe aller Stoffe, die Kohlenstoffatome enthalten. Im engeren Sinne sind die Stoffe gemeint, die von Lebewesen hergestellt werden und in Lebewesen vorkommen.

zönose bilden zusammen ein übergeordnetes System, ein Ökosystem. Beispiele für solche Ökosysteme sind der tropische Regenwald, der boreale Nadelwald oder der mitteleuropäische Laubwald.

Zwischen den Lebewesen in einem Ökosystem bestehen vielfältige wechselseitige Abhängigkeiten, etwa in Form von Nahrungsbeziehungen. Diese sollen jetzt noch vertieft betrachtet werden.

Es wurde schon deutlich, daß es in einem Ökosystem folgende „Aufgaben" gibt: Stoffe aufbauen oder produzieren, Stoffe verbrauchen oder konsumieren, Stoffe abbauen. Mit den entsprechenden Fachausdrücken faßt man die beteiligten Organismen unter den Begriffen Produzenten (hauptsächlich die grünen Pflanzen, die im Rahmen der Fotosynthese organische Stoffe aufbauen), Konsumenten (hauptsächlich die Tiere, die Pflanzen und deren Teile oder andere Tiere „verbrauchen") und Destruenten (Organismen, die organische Stoffe abbauen) zusammen.

Jetzt wird deutlich, daß es in einem Ökosystem so etwas wie Kreisläufe geben muß. Tatsächlich kann man Nahrungs- oder besser Stoffkreisläufe untersuchen, man kann natürlich auch isoliert etwa den Kreislauf des Kohlenstoffs oder den des Stickstoffs in einem Ökosystem untersuchen.

Diese Kreisläufe innerhalb eines Ökosystems können nur dann funktionieren, wenn ihnen fortwährend Energie zugeführt wird. Tatsächlich wird von der Sonne laufend Energie in Form von Strahlung (Licht) abgegeben und in das Ökosystem eingespeist. Die Sonnenenergie wird mit Hilfe der Fotosynthese in die Form chemischer Energie der gebildeten organischen Stoffe umgewandelt. Diese wird von den Konsumenten und Destruenten weiterverwertet. Im Ökosystem wird also Energie umgesetzt. Hierbei ist aber zu beachten, daß bei allen realen Energieumsetzungen die Temperatur der dabei beteiligten Stoffe ansteigt. Die für diese Temperaturerhöhung benötigte Energie kann nicht mehr vollständig in andere Energieformen überführt werden. Von Stufe zu Stufe nimmt deshalb die Menge an verwertbarer Energie ab, da jeweils ein Teil der in das Ökosystem eingespeisten Energie als Wärmestrahlung in den Weltraum abgegeben wird. Somit kann es im Ökosystem auch keinen „Energiekreislauf" geben, es liegt vielmehr ein Energiefluß im Sinne einer Einbahnstraße vor.

Biotop + Biozönose = Ökosystem

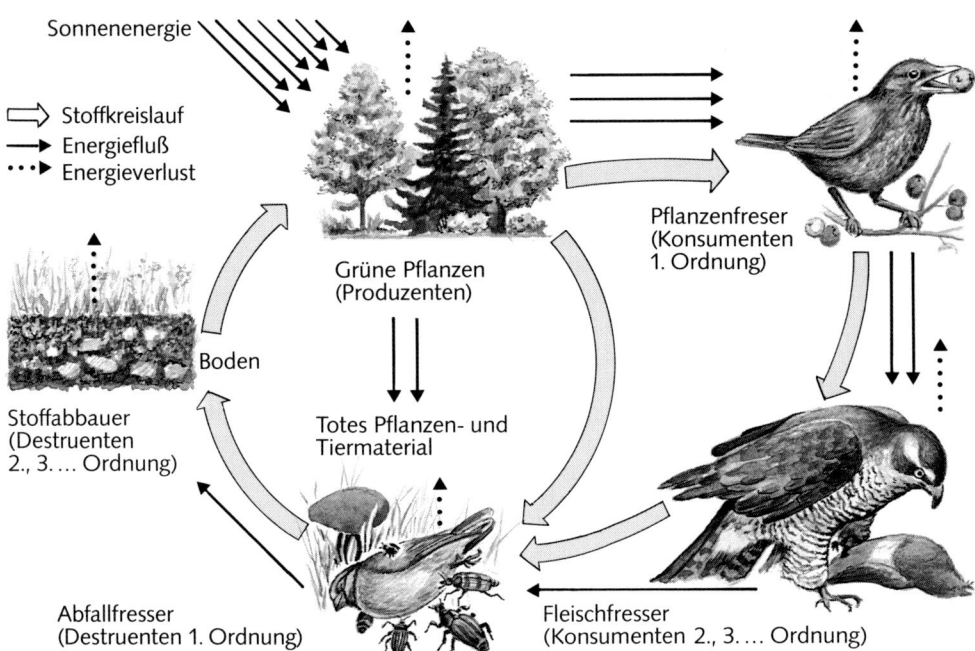

Sonnenenergie

⇨ Stoffkreislauf
→ Energiefluß
····▶ Energieverlust

Grüne Pflanzen
(Produzenten)

Boden

Stoffabbauer
(Destruenten
2., 3. ... Ordnung)

Totes Pflanzen- und
Tiermaterial

Abfallfresser
(Destruenten 1. Ordnung)

Pflanzenfresser
(Konsumenten
1. Ordnung)

Fleischfresser
(Konsumenten 2., 3. ... Ordnung)

Produzenten
= Aufbauer. Gemeinschaft der Lebewesen in einem Ökosystem, die in der Lage sind, aus anorganischen Stoffen (z. B. Kohlenstoffdioxid und Wasser) organische Stoffe (z. B. Kohlenhydrate) aufzubauen. Vorwiegend gehören hierher die grünen Pflanzen, die Fotosynthese treiben können.

Konsumenten
= Verbraucher. Gemeinschaft der Lebewesen in einem Ökosystem, die sich von anderen Lebewesen ernähren. Primärkonsumenten sind solche, die Pflanzen fressen, Sekundärkonsumenten solche, die sich von anderen Tieren ernähren.

Destruenten
= Abbauer. Gemeinschaft aus Kleintieren, Bakterien und Pilzen in einem Ökosystem, die die toten Überreste von Lebewesen zu einfachen Stoffen (z. B. Kohlenstoffdioxid und Wasser) abbauen. Die einfachen Stoffe stehen dann wieder den Produzenten zur Verfügung. Aus Kohlenstoffdioxid und Wasser können die grünen Pflanzen mit Hilfe des Sonnenlichtes neue organische Stoffe aufbauen (Fotosynthese).

Ökosystem
Einheit aus Lebensraum (Biotop) und Lebensgemeinschaft (Biozönose).

Das Ökosystem Wald im Schema: Während die Stoffe innerhalb des Systems in Kreisläufen geführt werden, liegt ein permanenter Fluß der Energie vor. Stoffe werden also auf-, um- und abgebaut. Energie wird in das System eingespeist, dort umgesetzt und geht auch verloren.

Grundlage jeglichen Lebens im Ökosystem Wald ist die Fotosynthese: Mit Hilfe von Sonnenlicht und Blattfarbstoffen produzieren die grünen Pflanzen aus Kohlenstoffdioxid und Wasser Kohlenhydrate und Sauerstoff. Die aufgebaute organische Substanz steht den Tieren als Nahrung zur Verfügung. Die grünen Pflanzen stehen demnach als Gruppe der Produzenten am Anfang der zahlreichen Nahrungsketten.

Das biologische Gleichgewicht

In einem Ökosystem wie dem Wald spielt sich über kurz oder lang eine Art Gleichgewichtszustand ein. Pflanzen und Tiere sind jeweils in der Menge vorhanden, die den Gegebenheiten angemessen ist. Die Stoffkreisläufe im Ökosystem funktionieren. Man spricht vom biologischen Gleichgewicht.

In einem naturnahen Mischwald spielt sich ein Gleichgewicht ein, das kaum jemals stark gestört wird. Anders liegen die Verhältnisse in weniger abwechslungsreichen Wäldern. Besonders ungünstig ist die Situation in reinen Fichtenforsten. Meist sind nur Fichten einer Altersklasse, aber keine anderen Baumarten angepflanzt – ein sehr wenig strukturierter und abwechslungsreicher Lebensraum. Einen solchen Bestand bezeichnet man als Monokultur. Monokulturen zeichnen sich dadurch negativ aus, daß ein Überangebot an spezieller Nahrung besteht, was zur Folge hat, daß sich auf diese Nahrung spezialisierte Schädlinge (vor allem Insekten) stark vermehren können. Freßfeinde sind aber nur wenige vorhanden, da sie in diesem einseitigen Lebensraum kaum entsprechende Lebensbedingungen finden. Monokulturen sind also schlecht stabilisierte Lebensräume. In Abständen kommt es zu Massenvermehrungen von Schadinsekten, das

Eine Fichten-Monokultur ist ein sehr artenarmer Lebensraum. Solche Forste sind ökologisch wenig stabil. Sie können immer wieder aus dem biologischen Gleichgewicht geraten und beispielsweise von Schädlingsplagen heimgesucht werden.

biologische Gleichgewicht gerät immer wieder außer Kontrolle.

Allgemein gesagt: Die Gliederung eines Ökosystems führt zu Artenvielfalt und damit zu Stabilität innerhalb des Systems. Grundsätzlich wird die Stabilität mit zunehmender Artenvielfalt größer. In natürlichen oder naturnahen Ökosystemen laufen die biologischen Prozesse mit relativ geringen Schwankungen ab. Instabil wird die Situation dann, wenn durch Einwirkung von außen – beispielsweise durch Eingriffe des Menschen – die Artenvielfalt beeinträchtigt, d. h. eine dauerhafte Artenarmut hergestellt wird. Durch die Wirtschaftsweise des Menschen sind vielerorts anstelle der natürlichen, im Laufe langer Zeiträume gut stabilisierter Ökosysteme instabile Monokulturen getreten. In diesen Monokulturen sind die Schwankungen oft erheblich. Ein trockener, warmer Sommer beispielsweise kann einen Schädling derart im Bestand fördern, daß ganze Wälder kahlgefressen werden. Wäre eine ausreichende Zahl natürlicher Feinde im Ökosystem vorhanden, könnten solche Massenvermehrungen oder Gradationen gestoppt werden. Diese Erkenntnisse setzen die Forstleute heute verstärkt in die Praxis um.

Die Vielfalt der Lebewesen des Waldes

An den Stoffkreisläufen und Energieumsetzungen im Ökosystem Wald – ob naturnaher Mischwald oder Fichtenmonokultur – ist eine Vielzahl ganz unterschiedlicher Lebewesen beteiligt.

Für die Ökologen ist es – wie für alle Biologen – notwendig, die Fülle der Arten in ein allgemein verbindliches System zu bringen, in dem sich die Kollegen in der ganzen Welt zurechtfinden. Diese schwierige Aufgabe stellen sich die Systematiker, und bis heute haben sie sie nicht endgültig gelöst. Ein System der Lebewesen soll diese nämlich nicht nur einfach ordnen, sondern auch die stammesgeschichtlichen Beziehungen zwischen ihnen deutlich machen. Und nach wie vor fehlt noch manches Forschungsergebnis, um die Verwandtschaftsverhältnisse genau festlegen zu können.

Lange Zeit ging man davon aus, die Lebewesen seien einzuteilen in Pflanzen und Tiere. Davon abgegrenzt wurden die Bakterien und Blaualgen. Heute hält man dagegen folgende Einteilung der Lebewesen für sinnvoll:

1. Gruppe: Bakterien ohne Fotosynthese
2. Gruppe: Bakterien mit Fotosynthese und Blaualgen
3. Gruppe: Einzeller ohne Fotosynthese
4. Gruppe: Einzeller mit Fotosynthese
5. Gruppe: Vielzellige Pilze
6. Gruppe: Vielzellige grüne Pflanzen
7. Gruppe: Vielzellige Tiere

Die Bakterien und die Blaualgen unterscheiden sich vor allem im Bau bestimmter Zellbestandteile deutlich von den übrigen Lebewesen. Die Einzeller sind Organismen, bei denen eine einzige Zelle alle Lebensvorgänge leisten muß. Alle drei Gruppen erschließen sich dem Beobachter eigentlich nur mit Hilfe des Mikroskops. Und obwohl auch sie im Wald vertreten sind, werden die Vielzeller am meisten auffallen.

Im folgenden Teil des Buches sollen zunächst die grünen Pflanzen, dann Pilze und Flechten und schließlich die Tiere des Waldes vorgestellt werden.

Die Pflanzenwelt des Waldes

Die Pflanzenwelt des Waldes

Gliederung des Pflanzenreiches

Die Pflanzenwelt eines Waldes setzt sich aus vielen einzelnen Arten zusammen. Am auffälligsten sind die mehr oder weniger hohen Bäume; kleiner bleiben die Sträucher, und den Waldboden bedecken die krautigen Pflanzen. Alle diese Pflanzen sind Blüten- oder besser Samenpflanzen. Den Samenpflanzen stehen die Moose, Bärlappe, Schachtelhalme und Farne gegenüber. Gliedert man die vielzelligen grünen Pflanzen insgesamt, so kann man – etwas vereinfacht – folgende Untergruppen bilden:

Abteilung: Algen

Abteilung: Moospflanzen
    Klasse: Lebermoose
    Klasse: Laubmoose

Abteilung: Farnpflanzen
    Klasse: Bärlappgewächse
    Klasse: Schachtelhalmgewächse
    Klasse: Farne

Abteilung: Samenpflanzen
    Unterabteilung: Nacktsamer
    Unterabteilung: Bedecktsamer
        Klasse: Zweikeimblättrige Bedecktsamer
        Klasse: Einkeimblättrige Bedecktsamer

Die Moose

Den Moosen fehlt die für die höheren Abteilungen des Pflanzenreiches typische Gliederung des Vegetationskörpers. Sie besitzen noch keine ausgeprägten Festigungs- und Leitgewebe in ihren Stämmchen. Deshalb erheben sie sich ohne Ausnahme nur wenige Zentimeter über den Boden. Moose besitzen auch keine Wurzeln, nur wurzelähnliche sogenannte Rhizoide verankern die Pflänzchen oberflächlich auf dem Boden. Die Wasseraufnahme erfolgt zum größten Teil über die kleinen Moosblättchen.

Trotz ihres einfachen Baues und ihrer geringen Höhe spielen Moose im Ökosystem Wald eine wichtige Rolle. Sie vermögen nämlich bei Niederschlägen Wasser in größeren

Pflanzen können winzig klein sein, aber auch – wie diese Waldkiefern (*Pinus sylvestris*) – beträchtliche Höhen erreichen.

Moose sind in der Lage, Wasser zu speichern. Sie haben deshalb trotz ihrer geringen Größe eine ökologisch wichtige Funktion, indem sie ausgleichend auf den Wasserhaushalt im Wald wirken.

Moose zu bestimmen, erfordert spezielle Kenntnisse. Einige Formen kann man aber gut erkennen.

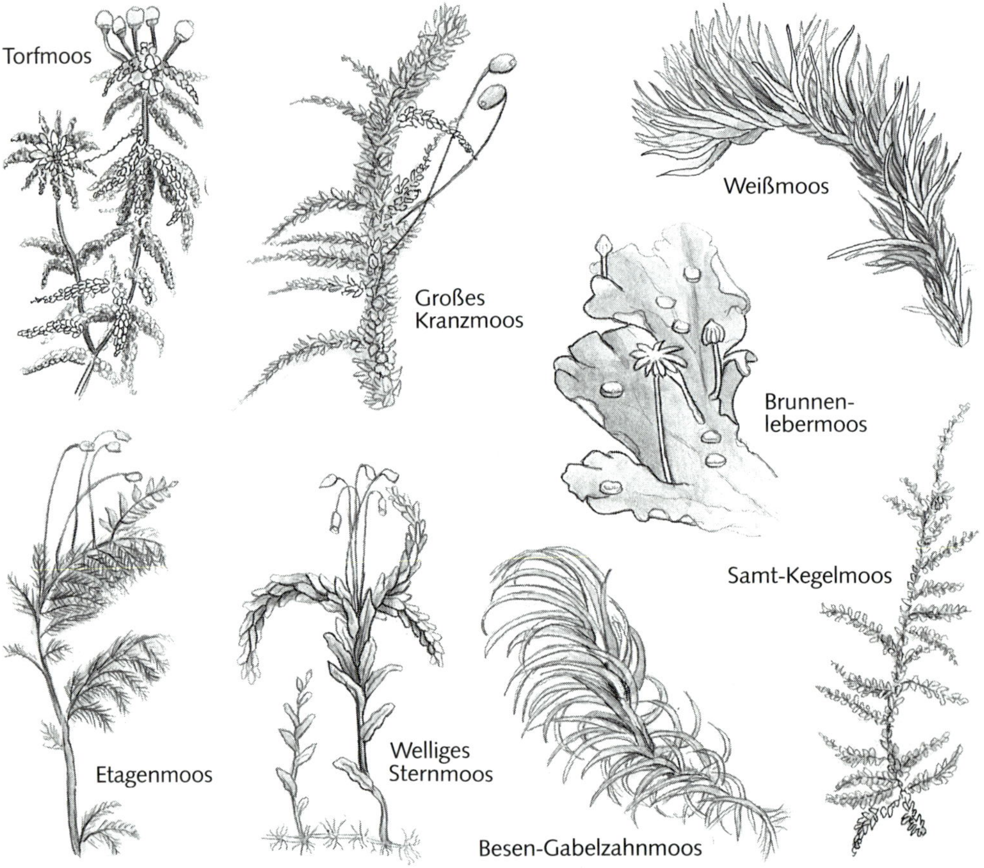

Torfmoos

Großes Kranzmoos

Weißmoos

Brunnen-lebermoos

Samt-Kegelmoos

Etagenmoos

Welliges Sternmoos

Besen-Gabelzahnmoos

Die Pflanzenwelt des Waldes

Die Moose bilden keine Blüten und Samen aus. Vielmehr erfolgt ihre Verbreitung über Sporen, die in besonderen Sporenkapseln gebildet werden.

Bärlappe mag man auf den ersten Blick mit den Moosen verwechseln. Der Tannenbärlapp *(Huperzia selago)* ist eine für Fichtenwälder typische Art und noch recht häufig.

Mengen aufzunehmen, um es langsam wieder an die Umgebung abzugeben. Insgesamt tragen die Moose also zu dem ausgeglichenen Klima im Wald bei. Beobachtungen dazu kann man draußen gut machen: Bei den Frauenhaar- oder Bürstenmoosen (Gattung *Polytrichum*) stehen die Blättchen waagerecht, wenn genügend Feuchtigkeit vorhanden ist. Bei Trockenheit legen sich die Blättchen dagegen fast an den Stengel an. Die dichten Polster des Weißmooses *(Leucobryum glaucum)* sind bei Feuchtigkeit blaugrün gefärbt, bei Trockenheit geht die Färbung mehr und mehr in weiß über. Extreme Formen sind die Torfmoose (Gattung *Sphagnum*), die im Wald nur an versumpften Stellen vorkommen. Ihre Stengel sind regelmäßig mit büscheligen Ästchen besetzt; an der Spitze bilden die Ästchen dichte Schöpfe. Betrachtet man ein Blättchen dieser Moose unter dem Mikroskop, sieht man zwischen schmalen, grünen Zellen große, farblose Zellen mit versteifenden Querleisten liegen. In den grünen Zellen läuft die Fotosynthese ab, während in den farblosen lediglich Wasser gespeichert wird. Torfmoospolster kann man deshalb wie einen Schwamm ausdrücken.

Die Abteilung der Moospflanzen gliedert sich in die Lebermoose und die Laubmoose. Lebermoose sind meist flächige oder gelappte Gebilde. Zu den Laubmoosen zählen die Moose, die in Stämmchen und Blättchen gegliedert sind. Moose zu bestimmen, ist nicht ganz einfach. In den Gattungen *Polytrichum* und *Sphagnum* beispielsweise gibt es eine Vielzahl sehr ähnlicher Arten, deren Bestimmung nur dem Spezialisten möglich ist. Dennoch kann man einige Formen zu unterscheiden versuchen.

Bärlappe, Schachtelhalme und Farne bilden zusammen eine weitere Abteilung des Pflanzenreiches. Bei den Pflanzen, die unter dem Begriff „Farnpflanzen" zusammengefaßt sind, sind schon mehr Festigungs- und Leitelemente im Stengel vorhanden als bei den Moosen. Sie haben auch schon eine effektive Steuerung des Wasserhaushalts. Dennoch findet man sie meist an schattigen, feuchten Stellen im Wald.

Bärlappe, Schachtelhalme und Farne

Bärlappgewächse

Die Bärlappe werden vielfach übersehen oder für Moose gehalten. Hinzu kommt, daß sie recht selten sind und ihre Fundorte zerstreut liegen.

Der Schlangenbärlapp *(Lycopodium annotinum)* ist noch eine relativ häufige Art, der man in Fichten-, Kiefern- und Birkenwäldern begegnen kann. Typisch sind die schmalen, nadelartigen Blättchen, die unregelmäßig verteilt am Stengel sitzen. Die Stengel kriechen über weite Strecken am Boden entlang, die Äste mit den Sporenähren stehen jedoch aufrecht.

Die Bärlappe sind eine kleine und übersichtliche Gruppe der Farnpflanzen; in Mitteleuropa findet man 9 Arten.

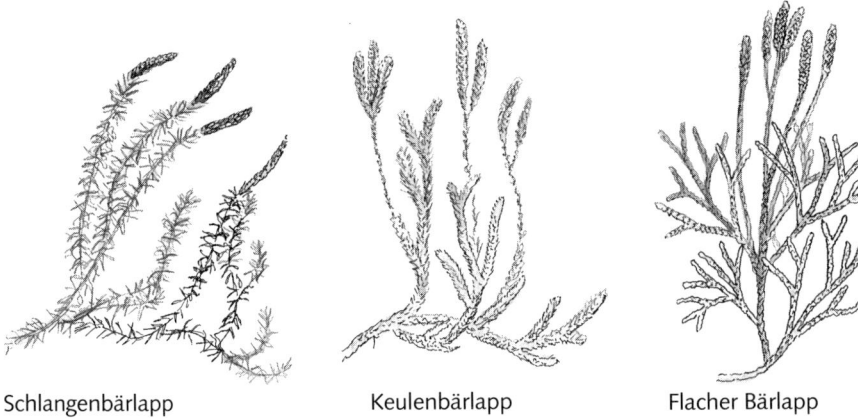

Schlangenbärlapp   Keulenbärlapp   Flacher Bärlapp

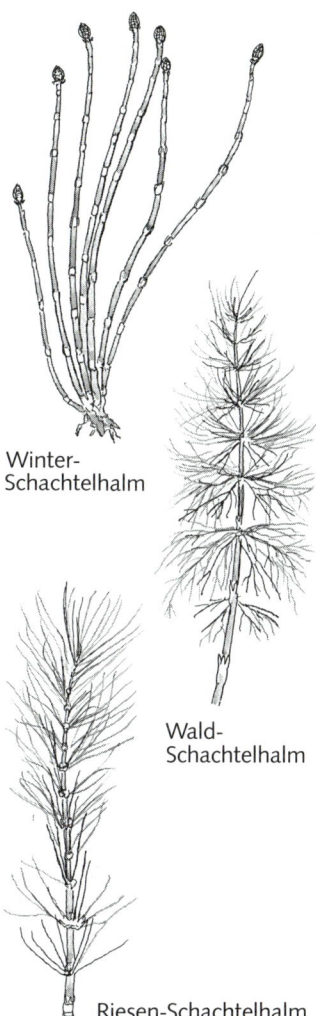

Winter-
Schachtelhalm

Wald-
Schachtelhalm

Riesen-Schachtelhalm

Schachtelhalme erkennt man leicht an ihrem typischen Bau. Beim Riesenschachtelhalm *(Equisetum telmateja)* erscheinen zuerst die bleichen (fertilen) Triebe mit den Sporenähren. Um sie herum liegen die abgetrockneten sterilen Sprosse vom Vorjahr. Die Art trifft man an feuchten Stellen im Wald herdenweise wachsend an.

In trockenen Misch- und Nadelwäldern findet man den Keulenbärlapp *(Lycopodium clavatum)*, den man daran erkennen kann, daß seine Sporenähren an einem nur wenig beblätterten Ast sitzen.

Für Fichtenwälder und Bergkiefernbestände ist der Tannenbärlapp *(Huperzia selago)* kennzeichnend, bei dem die Sporenbehälter aber nicht in einer Ähre vereinigt sind, sondern in den Achseln der Stengelblätter sitzen.

Schachtelhalmgewächse

Bei den Schachtelhalmen sind alle oberirdischen Teile aus ineinandergeschachtelten Abschnitten (daher der Name!) aufgebaut. Es sind verschiedene Gruppen von Schachtelhalmen zu unterscheiden:

Bei der einen Gruppe wachsen aus einem überdauernden, unterirdischen Wurzelstock im Frühjahr unverzweigte, bräunliche Stengel hoch, die am Ende jeweils eine Sporenähre tragen. Nach dem Reifen der Sporen und ihrer Verbreitung ergrünen die vorher bleichen Stengel und bilden verzweigte, in Quirlen stehende, feine Seitenäste aus. Hierher gehört etwa der Waldschachtelhalm *(Equisetum silvaticum)*.

Bärlappe, Schachtelhalme und Farne

Er tritt ziemlich häufig in moosigen Fichtenwäldern, in Eichen-Hainbuchen-Wäldern und in Auwäldern auf.

In einer anderen Gruppe der Schachtelhalme sind die Arten angesiedelt, die – wie der Winterschachtelhalm *(E. hyemale)* – nur grüne Stengel aufweisen, die einen mit Sporangien, die anderen ohne.

Farne

Die am höchsten entwickelte Gruppe der Farnpflanzen sind die eigentlichen Farne. Die jungen Blattwedel sind meist spiralig eingerollt und von Spreuschuppen bedeckt. Nach und nach entfalten sie sich, wobei sie beim Gemeinen Wurmfarn *(Dryopteris filix-mas)* zeitweise wie Bischofsstäbe aussehen und auch so genannt werden. Ausgewachsene Wedel werden bei diesem häufigen Farn bis zu 1,40 m lang. Er besitzt darüber hinaus einen umfangreichen, ausdauernden Wurzelstock, aus dem jedes Jahr die neuen Farnwedel emporwachsen.

Wie bei den Moosen, sucht man bei den Farnen vergeblich nach Blüten. Auf der Unterseite der Wedel werden – eingehüllt von einem häutigen Schleier – Sporenbehälter oder Sporangien angelegt. Werden die Sporen reif, platzen die Sporangien auf. Aus den vom Wind weitverbreiteten Sporen entwickeln sich pfenniggroße, grüne Vorkeime (Prothallien), auf denen die geschlechtliche Fortpflanzung abläuft. Aus einer befruchteten Eizelle wächst dann wieder eine sporentragende Farnpflanze heran. Man spricht hier von einem Generationswechsel.

Farne bestimmt man überwiegend anhand der Wedel, aber

Farne findet man meist an schattigen Stellen mit genügend hoher Luftfeuchtigkeit. Der Wurmfarn *(Dryopteris filix-mas)* ist eine der häufigsten Arten in den heimischen Wäldern.

Bei der Bestimmung von Farnen berücksichtigt man im wesentlichen die Form der Wedel (ungeteilt oder geteilt, fertile oder sterile Wedel gleich oder verschieden gestaltet), ihre Fiederung (einfach oder mehrfach) und die Ausbildung der Sporenhäufchen als Merkmale.

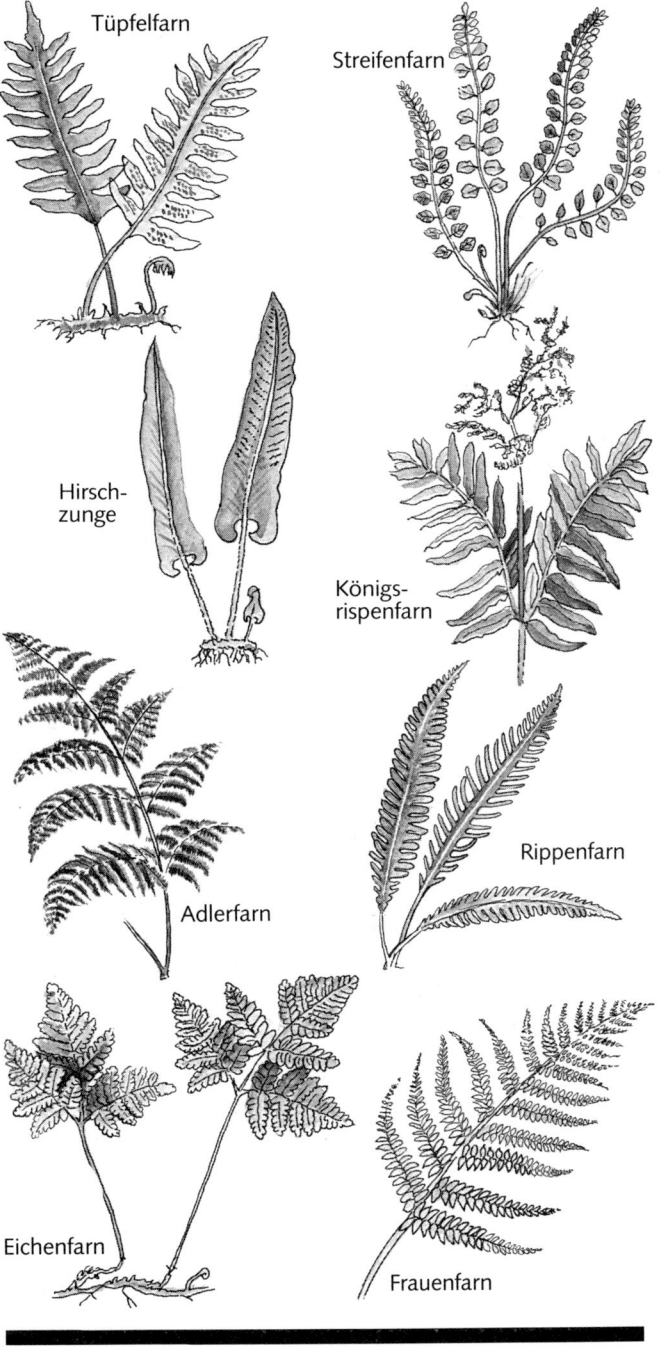

Tüpfelfarn

Streifenfarn

Hirsch-zunge

Königs-rispenfarn

Adlerfarn

Rippenfarn

Eichenfarn

Frauenfarn

Bärlappe, Schachtelhalme und Farne

auch die Form der Sporangien ist ein wichtiges Merkmal. Die Wedel können in unterschiedlicher Weise ausgebildet sein. Beim häufigen Gemeinen Wurmfarn sind sie gefiedert, und zwar doppelt gefiedert, d. h. jede einzelne Fieder ist ihrerseits nochmals gefiedert. Beim Tüpfelfarn *(Polypodium vulgare)* sind die Wedel auch gefiedert, aber nur einfach. Der Rippenfarn *(Blechnum spicant)* bildet unterschiedliche, einfach gefiederte Wedel, je nachdem, ob diese Sporangien tragen oder nicht. Noch leichter zu erkennen sind die Wedel der Hirschzunge *(Phyllitis scolopendrium)*. Sie sind überhaupt nicht gefiedert und bleiben auch im Winter grün.

Die Pflanzen, die bisher vorgestellt wurden, bilden allesamt keine Samen aus. Anders die Blüten- oder richtig Samenpflanzen. Sie tragen als wesentliches Merkmal mehr oder weniger auffällige Blüten. Diese werden vom Wind oder von Insekten (bisweilen auch von anderen Tieren) bestäubt. Nach der Blüte werden Samen ausgebildet, über die die Verbreitung erfolgt. Entsprechend vielfältig sind die biologischen Tricks, die zur Verbreitung der Samen beitragen. Einige Samen können schwimmen und auf dem Wasserweg verdriftet werden, andere haben Flugapparate und werden vom Wind an oft weit von der Mutterpflanze entfernte Stellen verweht. Wieder andere haben Widerhaken, mit denen sie im Gefieder oder Fell von Vögeln oder Säugetieren hängenbleiben, um auf diese Weise verfrachtet zu werden. Und schließlich gibt es auch Pflanzen, die ihre Samen wegschleudern.

Die Samenpflanzen mit ihren ganz unterschiedlichen Pflanzentypen bilden eine eigene Abteilung innerhalb der vielzelligen grünen Pflanzen. Sie läßt sich in folgender Weise untergliedern:

Was sind Samenpflanzen?

Abteilung: Samenpflanzen
   Unterabteilung: Nacktsamer
   Unterabteilung: Bedecktsamer
      Klasse: Zweikeimblättrige Bedecktsamer
      Klasse: Einkeimblättrige Bedecktsamer

Die beiden Unterabteilungen der Nacktsamer und der Bedecktsamer unterscheiden sich vor allem in der Art und Weise, wie die Samen angelegt werden. Bei den Nacktsamern liegen die Samenanlagen frei. Sie besitzen meist immergrüne nadel- oder schuppenförmige Blätter. Bei den Bedecktsamern sind die Samen in einen Fruchtknoten eingeschlossen.

Die Zweikeimblättrigen Bedecktsamer wiederum haben Keimlinge mit 2 Keimblättern. Ihre einfachen, vielfach aber geteilten Blätter weisen meist eine netzartige Anordnung der Gefäße (Blattadern) auf. Der Sproß kann verholzt oder krautig sein. Die Blütenorgane sind meist in fünfzähligen Kreisen angeordnet. Häufig ist die Blütenhülle in Kelch und Krone gegliedert.

Die Keimlinge der Einkeimblättrigen Bedecktsamer haben demgegenüber nur ein Keimblatt. In den meist ungeteilten Blättern zeigen sie bis auf wenige Ausnahmen eine parallele Aderung. Der Sproß ist stets krautig. Schließlich sind für die meisten Einkeimblättrigen dreizählige Blütenkreise charakteristisch. Die Blütenhülle ist nur selten in Kelch und Krone gegliedert.

Nadel- und Laubbäume

Was sind Bäume?

Der Charakter und die Lebensgemeinschaft eines Waldes werden maßgeblich durch den Bestand an Bäumen bestimmt.

Wesentliches Kennzeichen der Bäume sind die verholzten Triebe. Betrachtet man einen ausgewachsenen Baum näher, so kann man mehrere Bereiche gegeneinander abgrenzen. Unter der Erdoberfläche liegt das umfangreiche Wurzelgeflecht, gebildet aus den viele Zentimeter dicken Hauptwurzeln über die feineren, davon abzweigenden Nebenwurzeln bis hin zu den feinsten Würzelchen und den Wurzelhaaren.

Ein paar Daten zur Rotbuche	
Normalhöhe	15 bis 40 m
Maximalhöhe	44 m
Maximaler Stammdurchmesser	2 m
Blattfläche pro Blatt	22 cm^2
Zahl der Blätter pro Baum	35 000 bis 200 000
Blattfläche pro Baum	446 m^2
Sauerstoffproduktion pro Baum	1,7 kg/Stunde
Verdunstung von 1 ha Buchenwald	3,6 Mio. l/Jahr
Maximales Alter	900 Jahre

Am Fuß des Stammes zeigen sich meist schon die Ansätze der Wurzeln. Nach oben hin folgt der Stamm, der durch die Borke nach außen abgegrenzt wird. Im Inneren des Stammes liegen unterschiedliche Holzschichten: Bast, Wachstumsschicht, Splintholz und Kernholz. Im unteren Bereich verzweigt sich der Stamm oft nur wenig, im oberen Bereich geht er in kräftige Äste und feine Zweige über. Die Zweige sind mit Blättern besetzt. Das Astwerk bildet zusammen mit den Blättern die Baumkrone. Systematisch gesehen, kann man 2 Gruppen von Bäumen unterscheiden:
– die zur Unterabteilung der Nacktsamer gehörenden Nadelbäume,
– die zur Unterabteilung der Bedecktsamer gehörenden Laubbäume.

Höhen ausgewählter einheimischer Baumarten

	Normalhöhe	Maximalhöhe
Nadelbäume		
Lärche	30 bis 40 m	53 m
Kiefer	20 bis 40 m	48 m
Weißtanne	30 bis 50 m	75 m
Fichte	30 bis 50 m	60 m
Laubbäume		
Robinie	10 bis 25 m	25 m
Sommerlinde	15 bis 30 m	35 m
Bergahorn	15 bis 30 m	40 m
Feldahorn	10 bis 15 m	22 m
Schwarzpappel	15 bis 30 m	35 m
Hainbuche	5 bis 25 m	28 m
Schwarzerle	10 bis 25 m	30 m
Rotbuche	15 bis 40 m	44 m
Stieleiche	20 bis 40 m	50 m
Esche	20 bis 40 m	50 m

Nadelbäume
Wichtigstes Kennzeichen der Nadelbäume sind die nadelförmigen Blätter, anhand derer man die einzelnen Arten auch voneinander unterscheiden kann. Die heimischen Nadelbäume gehören 2 Familien an. Zu den Eibengewächsen gehören die Eibe *(Taxus baccata),* die als Strauch oder als bis zu 20 m hoher Baum wachsen kann. Zu den Kieferngewächsen dagegen gehören Lärche (Gattung *Larix*), Kiefer (Gattung *Pinus*), Tanne (Gattung *Abies*) und Fichte (Gattung *Picea*), also die in unseren Wäldern bestandsbildenden Arten.

Die Fichte *(Picea abies)* ist der häufigste Nadelbaum Mitteleuropas. Wichtigstes Unterscheidungsmerkmal zur Tanne *(Abies alba)* sind die hängenden Zapfen; sie fallen als Ganzes ab.

Als einziger unter den heimischen Nadelbäumen ist die Lärche *(Larix decidua)* nur im Sommer grün. Die in Büscheln angeordneten Nadeln färben sich im Herbst gelb und fallen ab.

Nadel- und Laubbäume

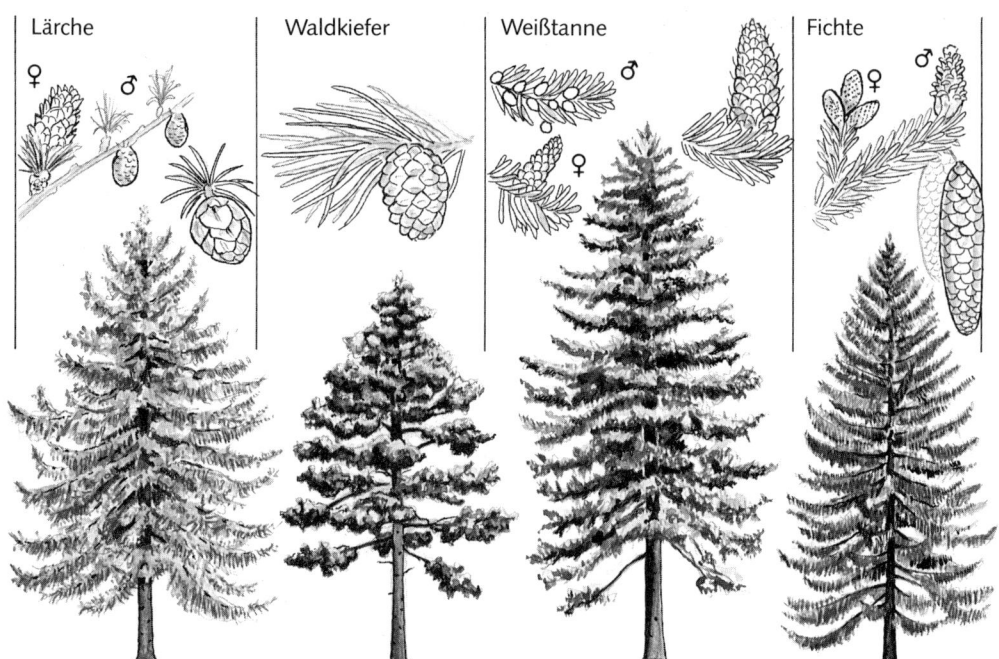

Lärche Die Lärche *(Larix decidua)* ist – eine Ausnahme unter den heimischen Nadelbäumen – nur im Sommer grün. Im Herbst färben sich die Nadeln gelb, um dann abzufallen. Die weichen Nadeln werden etwa 4 cm lang und stehen büschelig an den Kurztrieben.

Waldkiefer An den Boden stellt die Waldkiefer oder Föhre *(Pinus sylvestris)* keine großen Ansprüche, wohl aber an das Licht. Die Borke junger Kiefern ist rotbraun gefärbt, die älterer Bäume graubraun. Die blaugrünen, 8 cm langen, zugespitzten Nadeln stehen zu zweien in kurzen Blattscheiden. Als Tiefwurzler reicht die Waldkiefer in beträchtliche Tiefe hinab, wo sie das nötige Wasser findet. Das Wurzelsystem ermöglicht es ihr, auch auf Sandböden zu existieren.

Weißtanne Mit 60 m Höhe ist die Weißtanne *(Abies alba)* der größte einheimische Nadelbaum. Von der Fichte kann man sie leicht an den Nadeln unterscheiden: Sie stehen bei der Tanne zweizeilig vom Zweig ab, sind flachgedrückt, nicht zugespitzt und tragen auf ihrer Unterseite 2 charakteristische, helle Wachsstreifen. Ihre Zapfen stehen auf den Zweigen. Die Schuppen fallen einzeln ab, so daß auf dem Zweig die Zapfenspindel zurückbleibt.

Nadelbäume kann man von weitem an ihrer Wuchsform erkennen. Bei näherem Hinsehen entscheidet die Form von Nadeln, Blüten und Zapfen und deren Anordnung am Zweig über die Zuordnung zu einer bestimmten Art.

Fichte Die typischen Merkmale der Fichte *(Picea abies)* sind die rotbraune, bei älteren Bäumen jedoch graue Borke. Hinzu kommt die spitzkegelige Krone. Die 2 cm langen Nadeln stehen allseitig um den Zweig herum und sind nach vorne gerichtet. Sie haben eine vierkantige Form und sind zugespitzt. Die reifen Fichtenzapfen hängen an den Zweigen und fallen komplett ab.

Laubbäume
Die Laubbäume besitzen als Kennzeichen typische Laubblätter, die – je nach Baumart – eine ganz unterschiedliche Form haben können. Sie sind in den meisten Fällen als eindeutige Bestimmungsmerkmale geeignet. Die Laubbäume gehören folgenden Pflanzenfamilien (unter dem Namen jeweils einige typische Arten) an:

Familie: Rosengewächse
Holzapfel, Eberesche, Mehlbeere, Elsbeere, Traubenkirsche, Vogelkirsche
Familie: Schmetterlingsblütler
Robinie
Familie: Lindengewächse
Winterlinde, Sommerlinde
Familie: Ahorngewächse
Bergahorn, Spitzahorn, Feldahorn
Familie: Stechpalmengewächse
Stechpalme
Familie: Weidengewächse
Graupappel, Zitterpappel, Schwarzpappel, Bruchweide, Silberweide, Purpurweide
Familie: Haselnußgewächse
Hainbuche
Familie: Birkengewächse
Hängebirke, Grauerle, Schwarzerle
Familie: Buchengewächse
Rotbuche, Flaumeiche, Traubeneiche, Stieleiche
Familie: Ulmengewächse
Flatterulme, Feldulme, Bergulme
Familie: Ölbaumgewächse
Esche

Der Bergahorn *(Acer pseudo-platanus)* bildet in einem hängenden Blütenstand zusammengefaßte geflügelte Früchte aus, die vom Wind eine Strecke weit transportiert werden können.

Ahorn Die wichtigsten 3 mitteleuropäischen Ahornarten – Bergahorn *(Acer pseudo-platanus)*, Spitzahorn *(A. platanoides)* und Feldahorn *(A. campestre)* – lassen sich an der unterschiedlichen Form ihrer gelappten, gegenständigen Blätter und ihrer Früchte leicht auseinanderhalten. Den Bergahorn findet man vor allem in Schluchtwäldern und feuchten Hangmischwäldern bis zur Laubwaldgrenze. Der Spitzahorn ist in Mischwäldern weit verbreitet. Den Feldahorn trifft man am ehesten an Waldrändern an.

Hainbuche Die Blätter der Hainbuche *(Carpinus betulus)* kann man bei nur wenig Übung mit denen der Rotbuche *(Fagus sylvatica)* verwechseln. Die Oberfläche der Hainbuchenblätter ist aber stärker strukturiert als die der Rotbuche. Die Aderung der Hainbuchenblätter ist zudem dichter, und der Blattrand ist gesägt. An den Früchten kann man beide Bäume leicht auseinanderhalten: Die Hainbuche hat dreilappige Flugfrüchte, die Rotbuche die bekannten Bucheckern.

Hängebirke Ihren Artnamen hat die Hängebirke *(Betula pendula)* auf Grund der herunterhängenden jungen Triebe bekommen. Diese sind außerdem mit vielen warzigen Harzdrüsen besetzt. Der Baum wächst vor allem in trockenen Lagen (auch auf Sandböden).

Schwarzerle Die Borke der Schwarzerle *(Alnus glutinosa)* ist schwarzgrau und zeigt tiefe Risse. Die rundlichen Blätter sind an der Spitze oft leicht eingebuchtet und weisen 5 bis 6 Paare von Blattadern auf. Die Ränder der Blätter sind doppelt gesägt. Ende März/Anfang April öffnen sich die Blütenkätzchen. Der Baum verträgt hohe Bodenfeuchtigkeit und wächst bevorzugt entlang der Ufer von Bächen und Flüssen, von Weihern und Seen (Auwälder).

Rotbuche Die Rotbuche *(Fagus sylvatica)* nimmt etwa die Hälfte der von Laubwäldern bestandenen Flächen in Mitteleuropa ein. Für alte Bäume ist die kuppelförmige Krone typisch. Kennzeichnend ist weiter die glatte, graue Borke. Die Blätter sind von elliptischer Form, haben 5 bis 9 deutliche Adernpaare, und ihr Rand ist flaumig bewimpert. Die männli-

Die Laubbäume bestimmt man zunächst anhand der Blattform. Weitere brauchbare Kennzeichen sind die Wuchsform, die Beschaffenheit der Borke und die Ausbildung der Blüten und Früchte bzw. Samen.

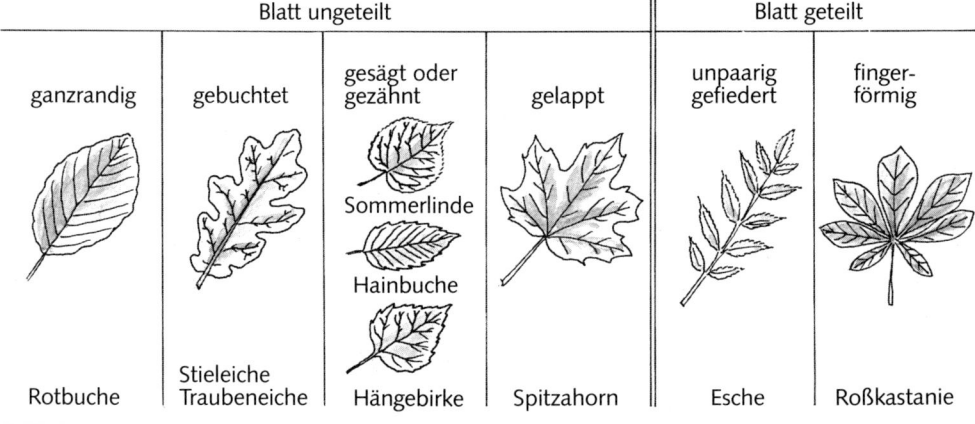

Blatt ungeteilt				Blatt geteilt	
ganzrandig	gebuchtet	gesägt oder gezähnt	gelappt	unpaarig gefiedert	fingerförmig
		Sommerlinde			
		Hainbuche			
Rotbuche	Stieleiche Traubeneiche	Hängebirke	Spitzahorn	Esche	Roßkastanie

In den Fruchtkapseln der Rotbuche *(Fagus sylvatica)* entwickeln sich die Bucheckern. Gegen den Herbst platzen die Kapseln an der Spitze auf und entlassen die Samen.

chen Kätzchenblüten stehen büschelig zusammen an langen Stielen; die weiblichen Blüten stehen in den obersten Blattachseln. Die Blüten werden vom Wind bestäubt. Zum Herbst hin entwickeln sich die Früchte (Bucheckern).

Traubeneiche und Stieleiche Eichen haben oft ein uriges Aussehen; sie sind häufig stark verästelt, und die Borke weist tiefe Risse auf. In Mitteleuropa spielen vor allem die Traubeneiche *(Quercus petraea)* und die Stieleiche *(Quercus robur)* eine Rolle. Bei der Traubeneiche sind die typischen, gelappten Blätter meist symmetrisch und 1 bis 3 cm lang gestielt. Bei der Stieleiche dagegen sind sie eher unregelmäßig gelappt, am Grund herzförmig geöhrt, und der Blattstiel ist sehr kurz. Die Traubeneiche besitzt kurz gestielte Eicheln, die der Stieleiche dagegen sitzen an langen Stielen (daher der Name Stieleiche!). Eichen werden 600 Jahre alt.

Esche Die schlanke Esche *(Fraxinus excelsior)* hat meist bis hoch hinauf keine Äste. Ihre Borke ist grau gefärbt und hat flache Längsrisse. Die Blätter sind unpaarig gefiedert, werden 30 cm lang und sind gegenständig am Zweig angeordnet. Die geflügelten Früchte bleiben den Winter über am Baum hängen. Eschen brauchen zum Gedeihen lockeren, feuchten und nährstoffreichen Boden.

Die Sträucher

Sträucher bilden in einem naturnahen Mischwald zusammen mit den jungen Bäumen die Strauchschicht. Sie gedeihen aber auch auf Lichtungen und Kahlschlägen und vor allem an gut gestuften Waldrändern. Sträucher besitzen wie die Bäume verholzte Sproßabschnitte. Ein Stamm ist aber niemals ausgebildet, vielmehr verzweigt sich ein Strauch vom Boden an. Insgesamt bleiben Sträucher deutlich kleiner als Bäume. Manche Arten können strauch- und baumartig wachsen; die Größe allein ist also kein zuverlässiges Merkmal.

Einige wenige Sträucher findet man bei den Nacktsamern. Die meisten Arten sind in die Unterabteilung der Bedecktsamer und hier wiederum in die Klasse der Zweikeimblättrigen Bedecktsamer einzuordnen. Die Blätter haben – je nach Art – eine ganz unterschiedliche Form und sind in den meisten Fällen eindeutige Bestimmungsmerkmale. Die Übersicht auf den folgenden Seiten zeigt, welchen Pflanzenfamilien (unter dem Namen jeweils einige typische Arten) die Sträucher angehören.

Nacktsamer

Familie: Eibengewächse
  Eibe
Familie: Kieferngewächse
  Moorkiefer, Bergkiefer
Familie: Zypressengewächse
  Heidewacholder

Bedecktsamer

Familie: Sauerdorngewächse
  Berberitze
Familie: Steinbrechgewächse
  Felsenjohannisbeere
Familie: Rosengewächse
  Eingriffeliger Weißdorn, Zweigriffeliger Weißdorn,
  Himbeere, Brombeere, Heckenrose, Schlehdorn
Familie: Schmetterlingsblütler
  Färberginster, Besenginster
Familie: Seidelbastgewächse
  Seidelbast
Familie: Ahorngewächse
  Feldahorn
Familie: Buchsbaumgewächse
  Immergrüner Buchsbaum
Familie: Stechpalmengewächse
  Stechpalme
Familie: Spindelbaumgewächse
  Pfaffenhütchen
Familie: Kreuzdorngewächse
  Faulbaum
Familie: Hartriegelgewächse
  Kornelkirsche, Blutroter Hartriegel
Familie: Weidengewächse
  Salweide
Familie: Haselnußgewächse
  Hainbuche, Hasel
Familie: Birkengewächse
  Moorbirke, Grünerle
Familie: Heidekrautgewächse
  Preiselbeere, Heidelbeere, Rauschbeere, Besenheide
Familie: Ölbaumgewächse
  Liguster
Familie: Geißblattgewächse
  Schwarzer Holunder, Traubenholunder, Gemeiner
  Schneeball, Wolliger Schneeball, Waldheckenkirsche,
  Rote Heckenkirsche

Fast immer haben die Sträucher typische Blattformen, Blüten und Früchte. Geübte Pflanzenfreunde können die einzelnen Arten sogar im Winter anhand der Knospen bestimmen.

1 = Eibe
2 = Weißdorn
3 = Himbeere
4 = Schlehdorn
5 = Besenginster
6 = Pfaffenhütchen
7 = Blutroter Hartriegel
8 = Salweide
9 = Hasel
10 = Besenheide
11 = Liguster
12 = Schwarzer Holunder
13 = Gemeiner Schneeball

Die Sträucher
49

An gut gestuften Waldrändern und auf Lichtungen findet man Gruppen von Büschen oder gar Hecken ausgebildet. Schon bevor seine Blätter erscheinen, blüht der Schleh- oder Schwarzdorn *(Prunus spinosa)*. Die Büsche sind jetzt über und über mit weißen Blüten bedeckt. Im Herbst kann man die wie kleine Pflaumen aussehenden Früchte ernten.

Höchstens kniehoch werden die Zwergsträucher. Unter ihnen haben einige ausgesprochen wohlschmeckende Früchte. Die Preiselbeere *(Vaccinium vitis-idaea)* hat schöne weiße Glockenblüten und rote Beeren.

Die Pflanzenwelt des Waldes

Kletterpflanzen und Epiphyten

Der Efeu *(Hedera helix)* ist ein Gewächs, das mit Haftwurzeln auf anderen Pflanzen klettert.

Die Mistel *(Viscum album)* ist am Grund in den Ast eines Baumes eingewachsen.

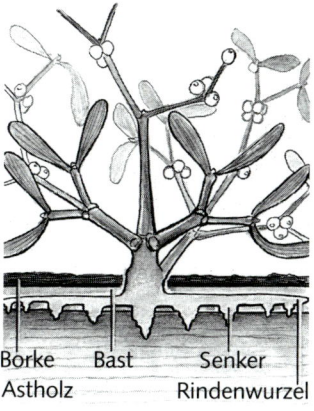

Borke Bast Senker
Astholz Rindenwurzel

Waldpflanzen haben besonders mit dem Problem zu kämpfen, daß oft nicht genügend Licht zum Waldboden dringt, um ihnen das Überleben zu ermöglichen. Besonders lichtarm sind die Zeiten im Jahr, in denen das Blätterdach der Bäume geschlossen ist. Da Licht im dichten Wald am ehesten in der Höhe der Kronen zu finden ist, versuchen die Pflanzen, möglichst weit nach oben zu gelangen. Wenn eine Pflanze selbst nicht übermäßig hoch werden kann, dann bleibt die Möglichkeit, an anderen hohen Pflanzen – etwa an Bäumen – emporzuwachsen, um in einiger Höhe in stärkeren Lichtgenuß zu kommen als am Boden. Andere Pflanzen leben als Aufsitzerpflanzen oder Epiphyten direkt in den Kronen hoher Bäume.

Zwei Beispiele von Kletterpflanzen seien hier vorgestellt, der Efeu *(Hedera helix)* und die Gewöhnliche Waldrebe *(Clematis vitalba)*. Der Efeu ist nicht sehr anspruchsvoll, was den Boden angeht, und kommt vor allem an halbschattigen und schattigen Standorten in Laubwäldern vor. Der Untergrund, auf dem der Efeu klettert, kann Gestein sein, er klettert aber auch an Baumstämmen empor. Die Pflanze benutzt zum Klettern sogenannte Haftwurzeln. Die Waldrebe stellt bescheidene Ansprüche an den Untergrund, aber sie ist sehr lichtbedürftig. Klettert der Efeu mit Hilfe der Haftwurzeln manchmal bis zu 20 m hoch an Bäumen empor, so erreicht die Waldrebe ähnliche Höhen mit ihren Blattstielen. Interessant ist, daß der Stengel der Waldrebe zwar verholzt, aber nur wenige Zentimeter dick ist. Dies ist typisch für Lianen, die eher aus dem tropischen Urwald als aus den heimischen Wäldern bekannt sind.

Auch Epiphyten sind in den tropischen Wäldern weitaus häufiger als in den heimischen Baumbeständen. Eine besondere Form ist die Mistel *(Viscum album)*. Dieser bis zu 1 m hohe Halbschmarotzer wächst auf hohen Bäumen. Die Mistel treibt Senker in die Äste der Mutterpflanze und zweigt für sich Wasser und Nährsalze ab. Typisch sind die gegenständigen Blätter und die weißen, glasigen Früchte.

Auf den ersten Blick einer Mistel ähnlich scheinen die sogenannten „Hexenbesen" zu sein. Hier handelt es sich aber nicht um einen Epiphyten, sondern um durch Schlauchpilze der Gattung *Taphrina* hervorgerufenes Auswachsen von Seitentrieben. Die entstehenden sparrigen Gebilde sind meist etwa kugelförmig und können einen Durchmesser von 2 m erreichen. Man findet sie besonders auf Birken; in diesem Fall ist der Erreger *Taphrina betulina*.

Die meisten niedrig wachsenden Waldpflanzen sind Kräuter, auch krautige Pflanzen genannt. Ihnen ist gemeinsam, daß ihre Sprosse nicht verholzt sind. Die eine Gruppe der krautigen Pflanzen sind die einjährigen Pflanzen, die im Laufe eines Jahres aus den Samen keimen, sich entwickeln, blühen, ihrerseits Samen bilden und dann absterben. Die zweite sind die zweijährigen bis mehrjährigen. Andere krautige Pflanzen können noch längere Zeiträume überdauern.

Pflanzen am Waldboden

Frühblüher

Im zeitigen Frühjahr, lange bevor an den Laubbäumen die ersten Blätter erscheinen, blühen am Waldboden Pflanzen, die den Aspekt eines Waldes prägen, wenn sie herdenweise wachsen. Besonders das weiß-rosa blühende Buschwindröschen *(Anemone nemorosa)*, das blau blühende Leberblümchen *(A. hepatica)* oder die weiß oder rötlich blühenden Lerchensporn-Arten (Gattung *Corydalis*) wachsen oft in dichten Beständen. Man nennt diese Gruppe von Pflanzen Frühblüher. Sie sind in besonderer Weise an den Jahresrhythmus im Lichtklima des Waldes angepaßt. In einem Mischwald beispielsweise gelangen im Sommer nur wenige Prozent der

Im zeitigen Frühjahr, bevor die Blätter der Bäume voll entwickelt sind, gelangt noch viel Licht zum Waldboden, und Frühblüher wie das Buschwindröschen *(Anemone nemorosa)* bedecken oft große Flächen.

Die Frühblüher gehören unterschiedlichen Pflanzenfamilien an. Sie haben entsprechend unterschiedliche Speicherorgane entwickelt, um sich an den Lichtrhythmus im Wald anzupassen.

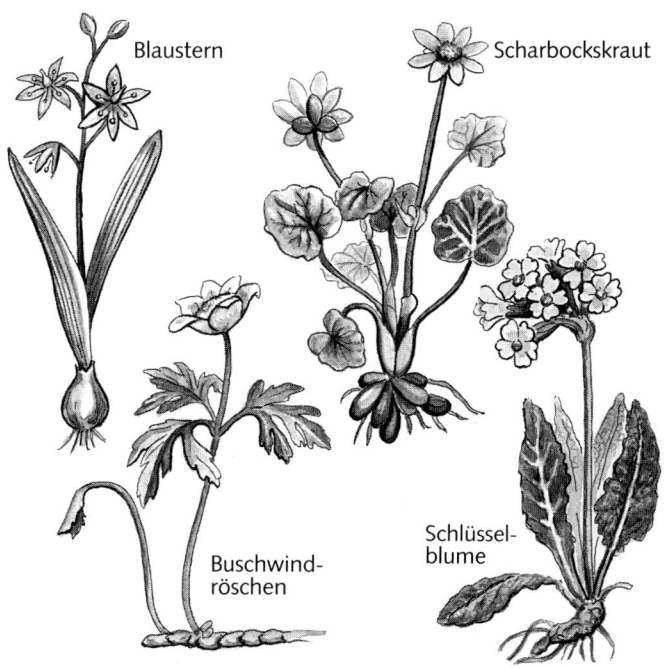

Blaustern

Scharbockskraut

Buschwindröschen

Schlüsselblume

fotosynthetisch aktiven Strahlung bis zum Waldboden, vor der Belaubung der Bäume dagegen bis zu 50 %. Und genau in diese Spanne fällt die Blütezeit der Frühblüher.

Biologisch interessant ist, warum diese Pflanzen so früh Blätter und Blüten ausbilden können. Die Lichtstrahlen können zwar in dieser Jahreszeit ungehindert bis zum Boden gelangen, aber die Tageslichtdauer und die Strahlungsintensität würden dennoch nicht ausreichen, der Pflanze über die Fotosynthese die notwendige Bereitstellung von Betriebs- und Baustoffen für die Aufrechterhaltung des Stoffwechsels und die Entwicklung von Blüten und Blätter zu ermöglichen. Die Frühblüher sind nun allesamt mehrjährige Pflanzen und besitzen unterirdische Speicherorgane, in denen die zu einer frühen Entwicklung notwendigen Stoffe angesammelt werden.

Diese Speicherorgane kann man einteilen in
– unter der Erde wachsende Sproßabschnitte (Erdsprosse oder Rhizome),
– oberirdische oder unterirdische Sproßknollen, Zwiebeln, Wurzelknollen und
– Rüben.

Ein Rhizom besitzt etwa das Buschwindröschen, Zwiebeln haben Schneeglöckchen *(Galanthus nivalis)* und Blaustern (Gattung *Scilla)*, eine Wurzelknolle hat das Scharbockskraut *(Ranunculus ficaria)*. Aus dem Vorrat an Speicherstoffen, die in den genannten Organen festgelegt sind, können die Pflanzen schon im Februar/März Blüten und Blätter bilden. Danach bauen sie Speicherstoffe für das kommende Jahr auf, und wenn sich dann im Mai/Juni das Kronendach geschlossen hat und kaum mehr Licht zum Waldboden dringt, sterben viele Frühblüher bereits ab.

Die krautigen Pflanzen am Waldboden bieten dem Naturfreund ein reiches Betätigungsfeld. Will man sich die Artenfülle genauer erschließen, ist allerdings ein Bestimmungsbuch unumgänglich.

Weitere krautige Waldpflanzen

Jetzt kommen andere krautige Pflanzen zum Blühen. Da das Kronendach der Bäume jetzt geschlossen ist, muß die Fotosynthese unter ganz anderen Lichtbedingungen ablaufen als bei den Frühblühern. Als ausgesprochene Schattenpflanze ändert der Waldsauerklee *(Oxalis acetosella)* sogar bei starker Einstrahlung die Stellung seiner Blätter und verkleinert so die assimilierende Fläche.

Andere Waldpflanzen haben natürlich mehr Licht zur Verfügung. Dies sind die Pflanzen, die auf Waldlichtungen oder

Der Waldsauerklee *(Oxalis acetosella)* ist eine Schattenpflanze. Durch Verändern der Blattstellung paßt sich die Pflanze an die Einstrahlung an.

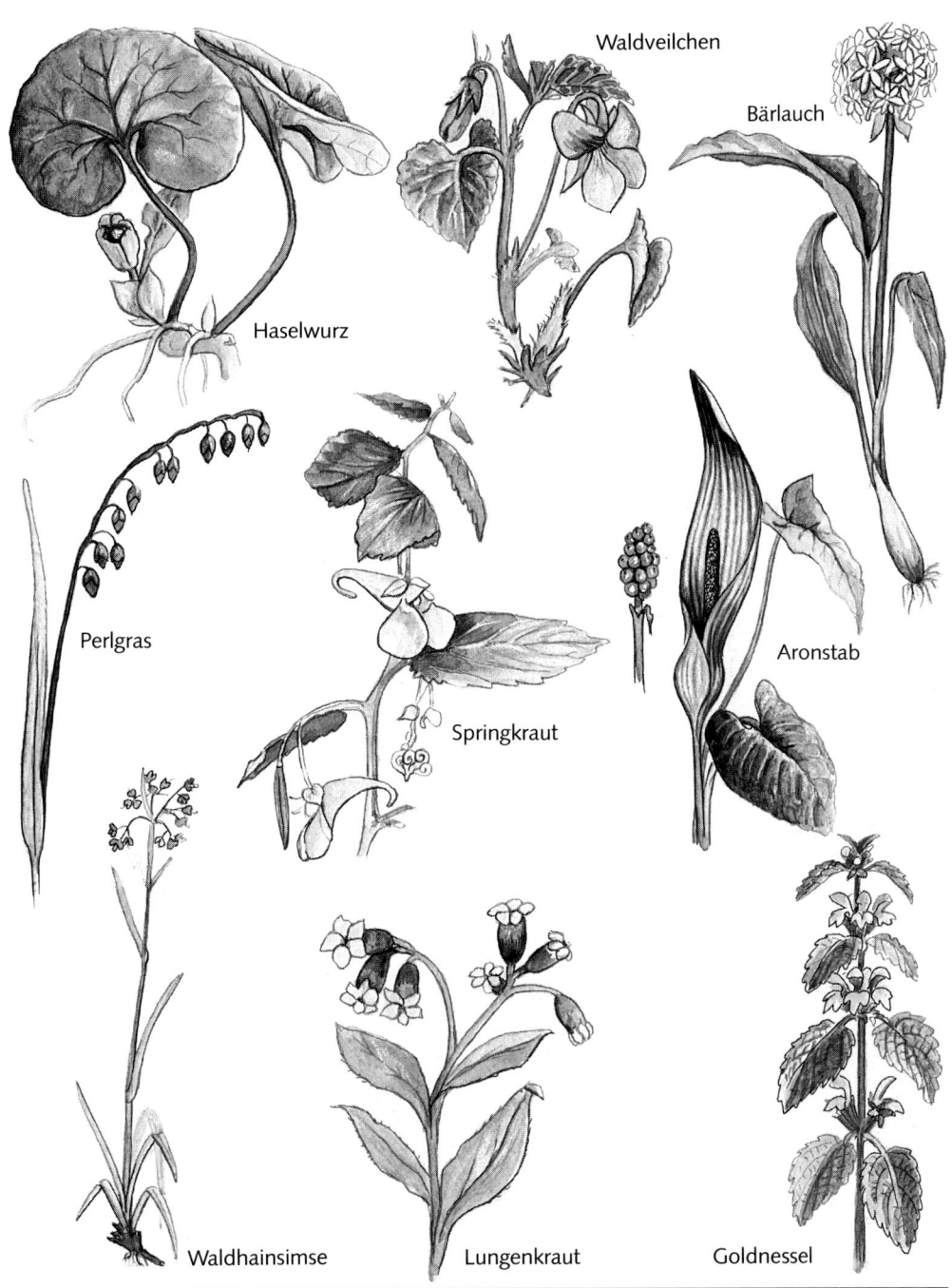

Waldveilchen

Bärlauch

Haselwurz

Perlgras

Springkraut

Aronstab

Waldhainsimse

Lungenkraut

Goldnessel

Pflanzen am Waldboden
55

Kahlschlägen wachsen. Hierzu zählen aber auch diejenigen Pflanzen, die am Waldrand wachsen. Beispiele sind etwa die Rote Lichtnelke *(Melandrium rubrum)* und das Schmalblättrige Weidenröschen *(Epilobioum angustifolium)*.

Gar nicht auf Licht angewiesen sind Schuppenwurz *(Lathraea squamaria)*, Fichtenspargel *(Monotropa hypopitys)* und Nestwurz *(Neottia nidus-avis)*. Sie sind bräunlich-bleich gefärbt, haben also kein Blattgrün. Diese Pflanzen betreiben keine Fotosynthese, sondern entziehen den Wurzeln anderer Pflanzen die Nährstoffe.

Pflanzen bestimmen

Systematisch gesehen, gehören alle diese Pflanzen ganz unterschiedlichen Familien der Bedecktsamer an. Zu ihrer Bestimmung müssen Kennzeichen wie Blattform, Anordnung der Blätter am Stengel, Bau der Blüten und ihre Anordnung in Blütenständen, manchmal auch weitere Kennzeichen herangezogen werden. Eine für den noch wenig erfahrenen Waldwanderer sehr brauchbare erste Orientierung bietet die Blütenfarbe.

Unten links:
Das Schmalblättrige Weidenröschen *(Epilobium angustifolium)* ist eine Pflanze der offenen Stellen im Wald. Kaum ein Kahlschlag, auf dem die Pflanze nicht anzutreffen ist.

Unten rechts:
So erstaunlich das klingen mag, es gibt auch Pflanzen, die keine Fotosynthese treiben können. Folglich erscheinen sie nicht grün wie die meisten anderen Pflanzen, sondern bräunlich. Die Schuppenwurz *(Lathraea squamaria)* bezieht als Schmarotzer die zum Wachsen und Fruchten notwendingen Nährstoffe aus den Wurzeln anderer Pflanzen (Erlen, Buchen, Hasel).

Eine der schönsten Waldpflanzen ist der Frauenschuh *(Cypripedium calceolus)*. Er gehört zur Familie der Orchideengewächse. Dieser Gruppe von Pflanzen widmen sich viele Hobbybotaniker mit besonderer Begeisterung, weil unter ihnen interessante, schöne und sehr seltene Pflanzen zu finden sind. Alle Orchideen stehen unter Naturschutz; sie dürfen auf keinen Fall gepflückt werden!

Waldpflanzen, vom Menschen genutzt

Seit jeher nutzt der Mensch Pflanzen für seine Zwecke; sie liefern ihm eine Vielzahl unterschiedlicher Produkte: Kohlenhydrate (Getreide), Eiweiß (Samen verschiedener Pflanzen), Fette und Öle, Gemüse und Salat, Obst, Genußmittel, Gewürze, Futter (für die Nutztiere), Fasern, Holz, Kork, Gerbstoffe, Kautschuk, Harze, Lacke, Wachs, Farbstoffe, Insektizide und nicht zuletzt Heilmittel und Gifte. Auch verschiedene Pflanzen des Waldes werden genutzt, wobei hier von dem wichtigsten Produkt, dem Holz, abgesehen werden soll.

Früchte und Samen
Eine Reihe von Bäumen, Sträuchern und krautigen Pflanzen bilden Früchte und Samen, die eigentlich der Verbreitung durch Tiere dienen und von ihnen angenommen werden müssen, die aber auch für den Menschen ausgesprochen wohlschmeckend sind. Aus einigen Wildformen hat der Mensch sogar Kulturformen mit verbesserten Erträgen herausgezüchtet.
Unter den Bäumen ist hier die Vogelkirsche *(Prunus avium)* zu erwähnen, die Stammform unserer gezüchteten Kirschensorten. Gegenüber den Früchten der angepflanzten Sorten sind die der Wildform leider recht klein.

Bei Beerensammlern ausgesprochen beliebt sind die Früchte der Brombeere *(Rubus fruticosus)*. Biologisch richtig betrachtet, sind es aus kleinen kugeligen Steinfrüchten zusammengesetzte Sammelfrüchte.

Der Holzapfel *(Malus sylvestris)* mit seinen nur wenig attraktiven Früchten ist die Wildform unserer vielen Apfelsorten. Ein bekannter, wohlschmeckende Früchte liefernder Strauch ist die Hasel *(Corylus avellana)*. Im Herbst sind die Nüsse reif – in Form eines Nußkuchens eine Delikatesse.

Die Himbeere *(Rubus idaeus)* braucht kaum vorgestellt zu werden, denn sie ist wohl jedem Waldwanderer wegen ihrer roten Früchte bekannt. Deren Zubereitung reicht von Konfitüre über Saft bis zu Himbeergeist. Kein Wunder, daß man diesen Strauch in Kultur genommen und weitergezüchtet hat. Gleiches gilt für die nahe verwandte Brombeere *(Rubus fruticosus)* mit ihren schwarzblauen Früchten.

Aus den Hagebutten der Rosen (Gattung *Rosa*) kann man Tee bereiten, aber auch Konfitüre.

Gebüsche des nahe verwandten Schlehdorns *(Prunus spinosa)* hängen im Herbst voll mit pflaumenähnlichen Früchten, die nach dem ersten Frost zu Konfitüre, Saft oder gar Schlehengeist aufbereitet werden können. Saft – und Gelee – kann man auch aus den Früchten des Schwarzen Holunders *(Sambucus nigra)* gewinnen.

Auch unter den Zwergsträuchern sind ein paar Arten, deren

Früchte man essen kann. Wohl jeder kennt Kompott aus Prei-
selbeeren *(Vaccinium vitis-idaea)*, und auch die Heidelbeere
(V. myrtillus) wird ähnlich verwendet. Aus beiden Beeren
kann man daneben Saft und Fruchtwein bereiten.
Die Rausch- oder Moosbeere *(V. uliginosum)* hat bläulich
bereifte, süß-säuerliche Früchte, die etwas fade schmecken.
Sie sind aber nicht giftig, können allerdings bei reichlichem
Genuß schwindel- oder sogar rauschähnliche Zustände her-
vorrufen (daher der Name!). Heidel- und Moosbeere zu
unterscheiden, ist nicht schwierig: Die Früchte der ersteren
Art geben roten, die der letzteren farblosen Saft.
Unter den krautigen Pflanzen mit eßbaren Früchten ist die
Walderdbeere *(Fragaria vesca)* zu erwähnen. Von April bis
Juni kann man sie blühend antreffen. Einige Zeit später reifen
dann die roten Früchte, richtig Scheinfrüchte, denn bei den
Erdbeeren sitzen viele Samen auf dem fleischigen Blütenbo-
den. Walderdbeeren geben übrigens eine vorzügliche Bowle
ab.
Für den Liebhaber der Bowle sei hier noch auf den Waldmei-
ster *(Galium odoratum)* hingewiesen. Alle Teile des „Mai-
krauts" enthalten das angenehm duftende Cumarin. Dieser
Stoff gibt der beliebten Maibowle den typischen Geschmack.

Gift- und Heilpflanzen
Schon früh in der Geschichte hat der Mensch die Erfahrung
gemacht, daß Pflanzen giftig sein können.
In unseren Wäldern wächst beispielsweise die Eibe *(Taxus
baccata)*. Die roten Früchte machen den Strauch oder Baum
im Herbst sehr attraktiv, sie sind allerdings giftig.
Ein schon zeitig im Frühjahr blühender kleiner Strauch ist der
Seidelbast *(Daphne mezereum)*. Auch er bildet rote, giftige
Früchte.
Auf Kahlschlägen, Waldlichtungen oder an Waldwegen begegnet man der Tollkirsche *(Atropa belladonna)*. Sie gehört
in die berühmt-berüchtigte Familie der Nachtschattengewächse. Berühmt ist diese Pflanzenfamilie, weil so wichtige
Kulturpflanzen wie Kartoffel, Tomate und Tabak hierher
gehören. Berüchtigt sind die Nachtschattengewächse, weil
viele von ihnen – auch Teile der genannten Nutzpflanzen –
giftig sind. Ja, unter ihnen sind einige der giftigsten Pflanzen
unserer Flora überhaupt, so der Stechapfel *(Datura stramo-
nium)*, das Bilsenkraut *(Hyoscyamus niger)* – und eben die
Tollkirsche. Die bis 1,50 m hohe Staude hat violette, glockige
Blüten und auffällige glänzend-schwarze Früchte. Sie sehen –

leider! – wie Kirschen aus und werden von Kindern leicht als solche verzehrt. Bei Vergiftungen ist schnellstens Erbrechen auszulösen und ein Krankenhaus aufzusuchen!

Wie die Tollkirsche, ist auch der Fingerhut *(Digitalis purpurea)* giftig. Seine Blätter enthalten verschiedene Glykoside. Diese Substanzen wirken auf das Herz, die Gefäße und das Nervensystem und spielen – wie das in der Tollkirsche enthaltene Atropin – eine große medizinische Rolle. Am Beispiel von Tollkirsche und Fingerhut zeigt sich, daß ein Stoff gleichzeitig Gift und Heilmittel sein kann. „Allein die Dosis macht, daß ein Ding kein Gift sei", hat schon der Arzt, Naturforscher und Philosoph PARACELSUS (1492 bis 1541) gesagt.

Die Giftwirkung ist also wie die Heilwirkung von Pflanzen der Menschheit seit alters bekannt. Das jahrhundertealte Wissen ist im Zeitalter der Chemotherapie lange Zeit aus der Diskussion gekommen, mittlerweile besinnt man sich wieder neu auf die „sanften" Heilmittel. Dennoch sollte man bei der Selbstmedikation Vorsicht walten lassen! Vor allem gilt, daß nur Pflanzen verwendet werden, die man genau kennt. Auch diese sammle man sparsam. Wenn die Pflanzen geschützt sind, dürfen sie natürlich nicht gesammelt werden.

Links:
Der Seidelbast *(Daphne mezereum)* ist ein schon zeitig im Jahr (Februar bis April) blühender kleiner Strauch. Die rosa Blüten duften angenehm. Die zunächst grünen, dann roten Früchte sind – wie alle Teile der Pflanze – giftig!

Rechts:
An Waldwegen und auf Lichtungen ist der Rote Fingerhut *(Digitalis purpurea)* anzutreffen. In den Blättern der Pflanze sind giftige Glykoside enthalten. In entsprechender Dosis angewandt, können die Stoffe aber auch als Heilmittel Verwendung finden.

Pilze und Flechten

Pilze im Überblick

Was ein Pilz ist

Wer sich nicht näher mit der Biologie beschäftigt hat, für den ist ganz klar, was ein Pilz ist. Das ist der Steinpilz, der Champignon, kurz: der eßbare Pilz, der allerdings in letzter Zeit in Verruf geraten ist, weil die Untersuchungsämter darin so viel Schwermetalle oder Radioaktivität messen, daß vor dem Verzehr gewarnt werden muß. Für den Biologen ist nicht so eindeutig, was ein Pilz ist. Unter dem Oberbegriff „Pilze" hat er immerhin 100 000 verschiedene Arten einzuordnen – eine außerordentlich vielfältige Gruppe von Organismen. Und wie soll er diese Gruppe in das natürliche System der Lebewesen einordnen?

Betrachtet man einen typischen Pilz wie den Steinpilz näher, kann man Hut und Stiel unterscheiden. Was man sieht, ist aber nur der Fruchtkörper. Das wesentliche Merkmal des Pilzes ist das Myzel, das seinerseits aus Pilzfäden, den Hyphen, aufgebaut ist. Das Myzel wächst oft jahrelang im Boden oder einem anderen Substrat, ohne Fruchtkörper zu bilden. Dem Pilz fehlt also eine Gliederung in Sproß und Wurzel. Weiter fehlen Festigungs- und Leitelemente. All dies finden wir aber bei den Farnpflanzen und den noch höher entwickelten Samenpflanzen. Also wären die Pilze vielleicht in die Nähe der Algen zu stellen, denen die genannten Strukturen fehlen?

Sieht man sich den Steinpilz weiter an, dann fällt ein wichtiges Merkmal sofort auf: Pilzen fehlt die grüne Farbe. Sie besitzen also im Gegensatz zu Algen, Moosen, Farn- und Samenpflanzen kein Blattgrün; in den Zellen finden sich keine Chloroplasten, die typischen Bestandteile einer Pflanzenzelle. Pilze können folglich auch keine Fotosynthese betreiben. Sie sind also – im Gegensatz zu den autotrophen grünen Pflanzen, die über die Fotosynthese die zum Leben notwendigen Stoffe selbst produzieren können – heterotroph, d. h., sie müssen die zum Gedeihen notwendigen Stoffe aus ihrer Umgebung beziehen.

Untersucht man jetzt mit Hilfe des Mikroskops und biochemischer Methoden weiter, dann stellt man fest, daß die Zellkerne der Pilze ähnlich wie die von Bakterien und Blaualgen

Längst nicht alle Pilze sehen so aus wie Steinpilz, Pfifferling oder Fliegenpilz. Der weißliche Belag, den man auf den Blättern von Eichen findet, ist nichts anderes als das Myzel des Eichenmehltaus *(Microsphaera alphitoides)*, eines Vertreters aus der sehr artenreichen Klasse der Schlauchpilze.

gebaut sind. Und in ihre Zellwände ist neben dem für Pflanzen charakteristischen Baustoff Zellulose auch das für Insekten typische Chitin eingebaut.

Die Verwirrung ist also vollkommen: Ein Steinpilz bewegt sich nicht wie ein Tier, er nimmt auch keine Nahrung auf. Also eine Pflanze! Die aber keine Fotosynthese machen kann! Dazu ein Zellkern, wie man ihn bei sehr einfach gebauten Lebewesen findet. Auf Grund all dieser Baumerkmale stellen die Biologen die Pilze heute als eigene Gruppe den vielzelligen Pflanzen und Tieren und den anderen Gruppen von Lebewesen gleichwertig an die Seite.

Die Lebensweise der Pilze

Damit ein Pilz existieren kann, muß eine genügende Versorgung mit Nährstoffen gegeben sein. Da er heterotroph lebt, müssen die Wuchsorte schon von Pflanzen oder Tieren besiedelt sein. Auf Grund ihrer Lebensweise kann man 3 Typen von Pilzen unterscheiden:

Als Saprophyten bezeichnet man Lebewesen – hier Pilze –, die von abgestorbener organischer Substanz leben. Wann immer nämlich eine Pflanze oder ein Tier abstirbt, bleibt eine Leiche zurück, deren Bestandteile im Rahmen von Abbauprozessen wieder in den Stoffkreislauf des Ökosystems zurückgeschleust werden. An diesen Prozessen sind Pilze maßgeblich beteiligt. Die entsprechenden Pilzarten sind also – ökologisch betrachtet – in die Gruppe der Destruenten einzuordnen.

Gegenüber den saprophytisch lebenden Pilzen besiedeln die Schmarotzer oder Parasiten unter ihnen andere Tiere und Pflanzen, also lebende organische Substanz. Diese Formen entziehen dem Wirt, auf dem sie wachsen, Nährstoffe, vor allem Kohlenhydrate. In der Regel wird der Wirt dabei geschädigt.

Parasiten
= Schmarotzer. Parasiten leben auf Kosten anderer Lebewesen, schädigen diese zwar, aber töten sie in der Regel nicht.

Symbiose
Zusammenleben verschiedener Organismen zu beiderseitigem Nutzen.

Die dritte Gruppe sind die in Symbiose mit anderen Lebewesen lebenden Pilze. Hier liegt im Gegensatz zum Parasitismus eine „Lebensgemeinschaft zu beiderseitigem Nutzen", also keine einseitige, sondern eine ausgewogene Beziehung der beteiligten Organismen vor. Im Falle der Flechten finden wir eine symbiontische Beziehung von Pilzen und Algen, auf die noch näher eingegangen werden wird. Für die Ökologie des Waldes ist aber die symbiontische Beziehung zwischen Pilzen und den Wurzeln höherer Pflanzen bedeutender. Die Wurzeln vieler Baumarten sind nämlich teilweise von dichtem Hyphengeflecht bestimmter Pilze umsponnen. Man spricht hier von einer Mykorrhiza. Das Myzel übernimmt die Funktion der feinen Wurzelhaare, hilft also, Wasser und darin gelöste Nährsalze aus dem Boden aufzunehmen. Die Hyphen dringen dabei auch in die äußeren Zellschichten der Wurzeln ein, um der Partnerpflanze fotosynthetisch erzeugte Stoffe, vor allem wieder Kohlenhydrate, zu entziehen. In der Praxis bedeutet dies alles, daß man Pilze an allen nur denkbaren Stellen finden kann. Sie besiedeln ganz unterschiedliche Substrate und sind teilweise extrem spezialisiert. Es gibt deshalb auch nicht „die Waldpilze", sondern unterschiedliche Gemeinschaften von Pilzen, je nachdem, ob im jeweiligen Baumbestand Rotbuchen, Eichen und Hainbuchen, Birken, Fichten, Kiefern, Lärchen oder Tannen vorherrschen. Der Standort stellt meist eine Hilfe bei der Bestimmung dar und sollte unbedingt notiert werden, wenn man einen Pilz findet und den Artnamen herausfinden will.

Systematik der Pilze

Die Pilze in ein verbindliches System zu bringen, ist eine nicht ganz einfache Aufgabe. Hier sollen nur folgende Angaben gemacht werden: Von den Echten Pilzen sind die Schleimpilze abzutrennen. Die Schleimpilze sind ganz besondere Lebewesen, weil sie lange Zeit als bewegliche Einzelzellen existieren, die sich irgendwann zur Bildung von Fruchtkörpern zusammenlagern. Es sind überwiegend kleine Formen, die aber teilweise ausgesprochen reizvoll aussehen.

Die Echten Pilze kann man einteilen in die Niederen Pilze, die Schlauchpilze und die Ständerpilze. Die beiden letzten Gruppen faßt man auch unter dem Begriff „Höhere Pilze" zusammen.

Zu den Niederen Pilzen hier nur so viel: Die Gruppe ist sehr heterogen. Genaue Beschäftigung mit ihnen setzt mikroskopische Untersuchungen voraus. Es sind überwiegend kleine Formen, unter denen einige Pflanzenkrankheiten (wie die Kartoffelfäule) verursachen. Sie haben also – wie übrigens verschiedene andere Pilzarten auch – für den Menschen durchaus praktische Bedeutung.

Bei den Schlauchpilzen (mit rund 30 % aller Pilzarten die größte Klasse der Pilze) liegen die Sporen in einem schlauchartigen Behälter (daher der Name!). In diese Gruppe gehören sowohl die mikroskopisch kleinen Hefepilze (Gattung *Saccharomyces*) wie der nur wenig größere Pinsel- und der Gießkannenschimmel (Gattungen *Penicillium* und *Aspergillus*) wie auch noch größere Formen. Letztere sind vielleicht

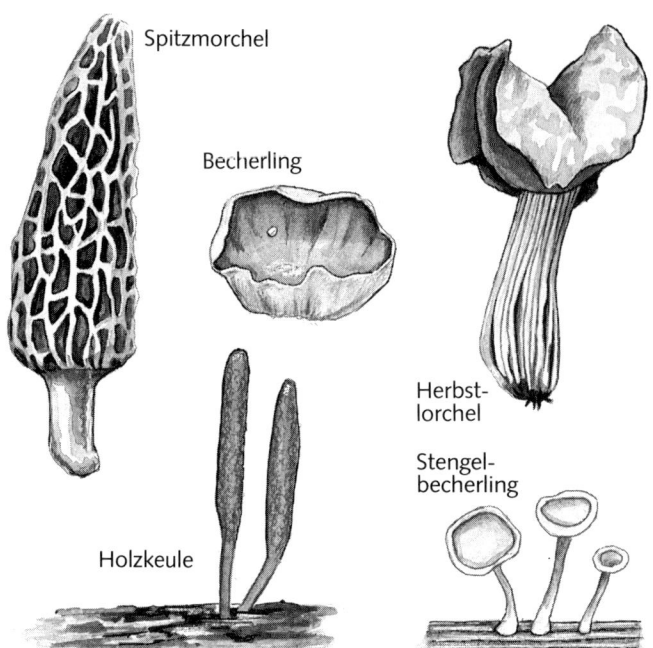

Spitzmorchel

Becherling

Herbst-
lorchel

Stengel-
becherling

Holzkeule

am ehesten bekannt, gehören doch die Morcheln (Gattung *Morchella*), Lorcheln (Gattung *Helvella*) und Trüffeln (Gattung *Tuber*) hierher. Daneben gehören zu den Schlauchpilzen auch wieder Pflanzenschädlinge wie die Echten Mehltaupilze (z. B. Eichenmehltau – *Microsphaera alphitoides*).

Die Sporen der Ständerpilze werden auf winzigen Sporenständern nach außen hin abgeschnürt. Auch in dieser Pilzklasse finden sich ganz unterschiedliche Größen und Formen.

Zu den Bauchpilzen etwa gehören Stäublinge (z. B. Flaschenstäubling – *Lycoperdon perlatum*), Erdsterne (Gattung *Geaster*) und die Stinkmorchel *(Phallus impudicus)*.

Zu den Nichtblätterpilzen rechnen die Porlinge (z. B. Zunderschwamm – *Fomes fomentarius)*, Korallen- und Keulenpilze (z. B. Herkuleskeule – *Clavariadelphus pistillaris,* Steife Koralle – *Ramaria stricta)*, Stachelpilze (z. B. Semmelstoppelpilz – *Hydnum repandum)* und Leistenpilze (z. B. Pfifferling – *Cantharellus cibarius)*.

Zu den Blätter- und Röhrenpilzen gehören alle die Arten, die meist unter dem Begriff „Pilz" verstanden werden, also etwa Hallimasch *(Armillariella mellea)*, Fliegenpilz (*Amanita mus-*

Einige ausgewählte Vertreter der Schlauchpilze. Diese Gruppe ist gleichermaßen formen- wie artenreich.

Zur Gruppe der Ständerpilze gehören die wohl bekanntesten Pilzarten. Große Untergruppen sind die Bauchpilze, die Nichtblätterpilze und die Blätter- und Röhrenpilze.

Bauchpilze

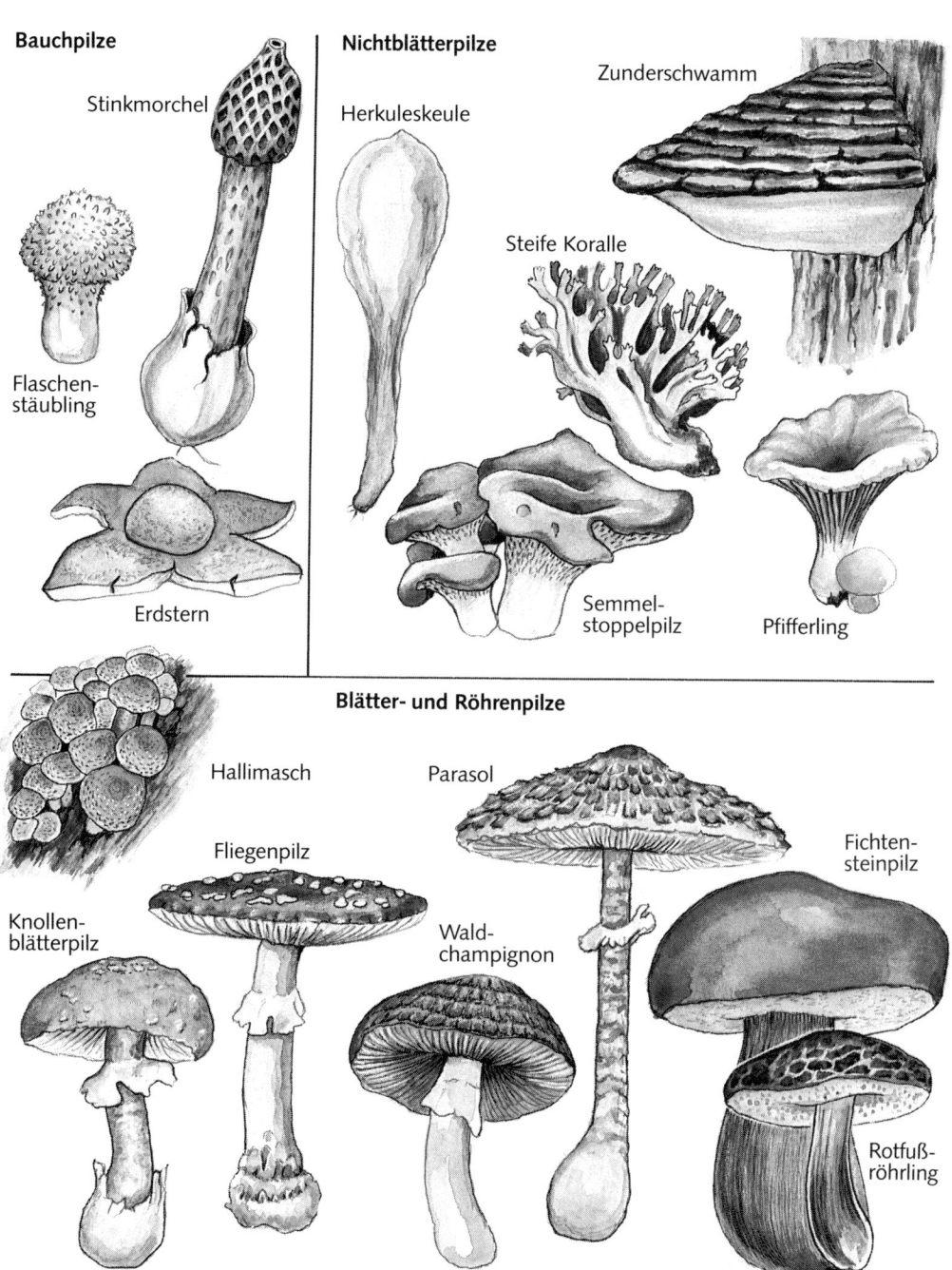

Stinkmorchel

Herkuleskeule

Flaschen-
stäubling

Erdstern

Nichtblätterpilze

Zunderschwamm

Steife Koralle

Semmel-
stoppelpilz

Pfifferling

Blätter- und Röhrenpilze

Hallimasch

Parasol

Fliegenpilz

Fichten-
steinpilz

Knollen-
blätterpilz

Wald-
champignon

Rotfuß-
röhrling

Pilze im Überblick

Pilze zum Verzehr zu sammeln, erfordert gute Artenkenntnisse, wenn es nicht zu Unfällen kommen soll. Nicht alle Giftpilze sind so leicht zu erkennen wie der Fliegenpilz *(Amanita muscaria)*.

caria), Grüner Knollenblätterpilz *(Amanita phalloides)*, Waldchampignon *(Agaricus silvaticus)*, Parasol *(Macrolepiota procera)*, Fichtensteinpilz *(Boletus edulis)*, Rotfußröhrling *(Xerocomus chrysenteron)* – um nur einige zu nennen.
Weitere Gruppen der Ständerpilze sind die Gallertpilze (Fruchtkörper mit gallertartiger Beschaffenheit), die Ohrlappenpilze (Fruchtkörper von ähnlicher Konsistenz wie bei den Gallertpilzen, z. B. Judasohr – *Hirneola auricula-judae*), die Rostpilze und die Brandpilze (in beiden Gruppen viele Kulturpflanzenschädlinge).

Giftpilze und Pilzvergiftungen

Mit schöner Regelmäßigkeit ist im Herbst in den Tageszeitungen zu lesen, daß hier ein Pilzsammler an Vergiftung gestorben, dort ein anderer knapp dem Tode entkommen ist. Trotz aller Warnung, einer Flut von Bestimmungsbüchern und der Pilzberatungsstellen bringen sich jedes Jahr ganze Familien mit einem „leckeren" Knollenblätterpilz-Gericht um.
Den Vergiftungen durch Pilze können verschiedene Mechanismen zugrunde liegen. Die einen Gifte wirken auf die Verdauungsorgane, führen also zu schweren Verdauungsstörun-

gen, die anderen wirken auf das Nervensystem, was sich in Schweißausbrüchen, Muskelzuckungen, Atembeschwerden und Störungen der Herztätigkeit äußert. Die dritten wirken auf die Zellen; die Symptome sind Erbrechen, Muskelkrämpfe und schließlich eine Lähmung der Herztätigkeit.

Um sich und seinen Lieben die geschilderten unangenehmen bis tödlichen Beschwerden zu ersparen, hilft nur ein bewährtes Hausmittel: genaueste Kenntnis der Arten, die man sammelt! Dabei ist die eigeneKenntnis an Ort und Stelle gemeint, und nicht die des Pilzberaters, den man einen Korb voll gesammelter Pilze sortieren läßt!

Ein weiterer guter Rat: Nur frische Pilze auf den Tisch bringen. Wenn sich Pilze zersetzen, können Stoffe entstehen, die, wenn nicht giftig, dann zumindest schädlich für den menschlichen Körper sind. Sollte trotz allem Übelkeit oder gar eine Giftwirkung nach Pilzgenuß festgestellt werden, dann ist zunächst richtig, die aufgenommene Mahlzeit auf der „via naturalis" wieder nach außen zu befördern. Danach hilft ein wenig Aktivkohle. Treten die Symptome einer Vergiftung auf, dann nichts wie ab ins Krankenhaus – und zwar schnell; die Zeit kann eine ganz entscheidende Rolle spielen!

Flechten – Symbiosen von Algen und Pilzen

Wo immer extreme Standortbedingungen herrschen und viele andere Pflanzen nicht mehr gedeihen können, schaffen es die Flechten durchaus, zu überleben. Diese Lebewesen sind Pioniere, die gegen Trockenheit wenig empfindlich sind, Kälte ertragen können und an den Untergrund oft keine großen Ansprüche stellen. Häufig sind Flechten deshalb die Erstbesiedler neu geschaffener Lebensräume. In unseren Wäldern haben die Flechten „normale" Lebensbedingungen. Wir finden sie vor allem auf der Rinde der Bäume, aber auch auf toten Ästen, auf Felsbrocken und selbst auf dem Boden.

Aufbau

Die Flechten werden hier ganz bewußt als „Lebewesen" bezeichnet. Würde man eine Flechte schneiden und unter dem Mikroskop betrachten, so sähe man, warum: In einem dichten Geflecht von Pilzhyphen sind grüne Algenzellen und -fäden eingelagert. Der Pilz entnimmt der Alge zum Wachstum notwendige Kohlenhydrate, die die Alge durch Fotosynthese erzeugt. Die Alge gewinnt über die Hyphen Wasser und Nährsalze – ein Zusammenleben zu beiderseitigem Nutzen, eine Symbiose. Aus einer Lebensgemeinschaft zwischen Pil-

zen und Algen entsteht eine höhere morphologische Einheit, die Flechte.

Einteilung

Systematisch gesehen, teilt man die Flechten in 2 Gruppen ein. In der ersten Gruppe sind Schlauchpilze die Partner der Algen, in der zweiten sind es Ständerpilze. Der „normale" Waldwanderer mag sich mit einer Einteilung der Flechten auf Grund ihrer Form zufriedengeben: Krustenflechten leben auf der Oberfläche von Gestein oder Rinde. Die flachen Gebilde sind sehr fest mit der Unterlage verbunden.

Die Laubflechten sind ebenfalls flächig, meist gelappt, aber insgesamt von einer klaren Form.

Die Nabelflechten sind nur in der Mitte mit dem Untergrund verwachsen.

Ebenfalls nur an einer Stelle angeheftet sind die Strauchflechten. Sie sehen aus wie kleine Büsche.

Vor allem in den Gebirgswäldern sieht man Bartflechten von den Bäumen hängen.

Wenn man am Boden einmal nachsieht, wird man auch die kleinen trompetenähnlichen Becherflechten entdecken.

Auf der Borke vieler Bäume findet man Flechten der verschiedensten Arten. Diese kleinen, oft unscheinbaren Lebewesen entstehen im Zusammenleben von Algen und Pilzen.

Anhand der Form kann man bereits Gruppen von Flechten unterscheiden. Die weitere Bestimmung erfordert aber spezielle Kenntnisse. Oft müssen die Flechten auch geschnitten und die Präparate unter Stereolupe oder Mikroskop betrachtet werden, um zur Diagnose einzelner Arten vorzudringen.

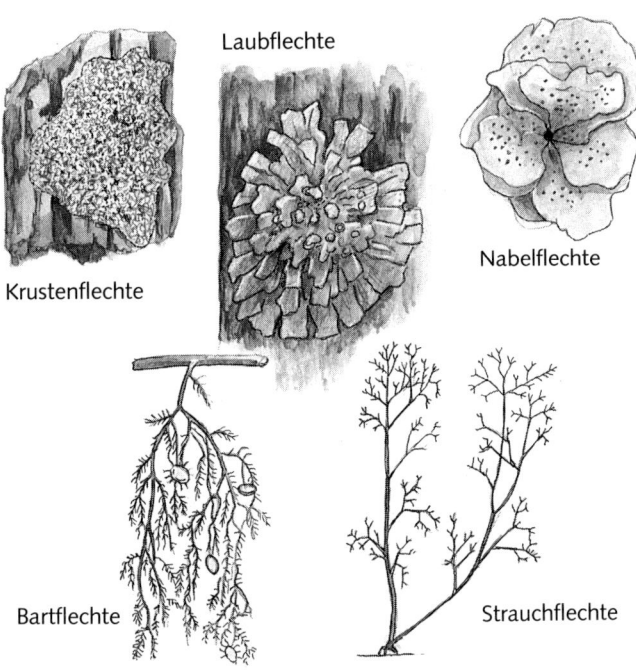

Laubflechte

Nabelflechte

Krustenflechte

Bartflechte

Strauchflechte

Insgesamt sind die Flechten eine reizvolle Gruppe von Lebewesen, in die tiefer einzudringen aber spezielle Kenntnisse erfordert.

Flechten als Indikatororganismen

Flechten verwirren die Biologen nicht nur wegen ihrer Besonderheiten in Bau und Gestalt, sondern auch auf Grund ihrer erstaunlichen physiologischen Möglichkeiten. Sie können beispielsweise – wie man im Experiment nachweisen konnte – noch Temperaturen von −196 °C aushalten! Es verwundert also nicht, daß Flechten fast überall wachsen; entsprechend weit sind sie verbreitet – von der Arktis über die Wüstenregionen bis in die Antarktis. Allerdings sind Flechten nicht unbedingt sehr robuste Organismen, vielmehr reagieren sie teilweise sehr empfindlich auf die Luftverschmutzung, ja, Flechten können geradezu als Anzeiger oder Indikatoren für die Qualität der Luft herangezogen werden. Bestandsaufnahmen der Flechten in den großen Städten zeigen genau an, wie gut oder – häufiger – wie schlecht die Luft dort ist. Manche Städte sind heute „Flechtenwüsten", viele Arten sind nicht mehr zu finden.

Die Tierwelt des Waldes

Die Tierwelt des Waldes

Gliederung des Tierreiches

Eine Einteilung des Tierreiches läßt sich in ähnlicher Weise vornehmen wie die des Pflanzenreiches. Die systematischen Kategorien werden zwar teilweise mit unterschiedlichen Begriffen (z. B. „Stamm") benannt, aber die zugrunde liegenden Kriterien sind dieselben – also einteilen und dabei die stammesgeschichtlich begründeten Verwandtschaftsverhältnisse berücksichtigen. Die folgende Gliederung gibt eine Übersicht.

Stamm: Schwämme
Ausschließlich im Wasser lebende Formen, z. B. Süßwasserschwamm, Badeschwamm.

Stamm: Nesseltiere
Ausschließlich im Wasser lebende Formen, z. B. Süßwasserpolyp, Quallen, Korallen.

Stamm: Plattwürmer
Abgeflachte Würmer, häufig Parasiten, z. B. Leberegel, Bandwürmer.

Stamm: Schlauch- oder Rundwürmer
Runde Würmer, z. B. Fadenwürmer.

Stamm: Weichtiere
Im Wasser und auf dem Land lebende Formen; hierher gehören Schnecken, Muscheln und Tintenfische.

Stamm: Ringelwürmer
Runde, gleichmäßig gegliederte, wurmartige Formen, z. B. Seeringelwurm, Regenwurm.

Stamm: Gliederfüßer
Fast immer deutlich ungleichmäßig gegliederte Formen; hierher gehören Spinnentiere, Krebstiere, Tausendfüßer und Insekten.

Stamm: Stachelhäuter
Ausschließlich im Wasser lebende Formen; hierher gehören Seewalzen, Seeigel und Seesterne.

Stamm: Chordatiere
Wichtigste Gruppe sind die Wirbeltiere mit ihrem knöchernen Skelett: Fische, Lurche, Kriechtiere, Vögel und Säugetiere.

Das Mufflon *(Ovis musimon)* kam früher nur auf Korsika und Sardinien vor. Als Ende des vorigen Jahrhunderts Einbürgerungen fremder Arten in Mode kamen, wurde dieses Wildschaf bei uns ausgesetzt. Heute ist es ein fester Bestandteil der Tierwelt der Laub- und Mischwälder in Mittelgebirgslagen. Typisch für den Widder sind die schneckenförmigen Hörner und die helle sattelförmige Partie auf dem Rücken.

Den zuletzt genannten Wirbeltieren kann man alle anderen Stämme unter dem Oberbegriff „wirbellose Tiere" oder kurz „Wirbellose" gegenüberstellen. Die wesentlichen Gruppen, mit denen es der Waldwanderer zu tun bekommt, sind sicher die Gliederfüßer – vor allem die Insekten – und die Wirbeltiere. Aber auch Schnecken wird man immer wieder beobachten können und bestimmte Vertreter aus anderen Stämmen. Einige Stämme fehlen allerdings völlig.

Was „Boden" bedeutet, nimmt man auf einem Waldspaziergang nur selten richtig wahr. Meist schaut man von oben auf die den Boden bedeckende Schicht aus Blättern oder Nadeln. Bisweilen verdeckt dichte Vegetation selbst diese Sicht. Anders ist es, wenn an einer Böschung der Boden senkrecht angeschnitten ist. Dann sieht man, daß die Schicht aus Fallaub (die Streu) nur dünn ist. Darunter liegt eine Schicht (der Oberboden), in der die Erde mit organischer Substanz stark vermischt ist. Noch tiefer liegt eine Schicht (der Unterboden), in der verschiedene Stoffe angereichert sind, und schließlich sieht man das Ausgangsgestein (den Untergrund), dem der

Kleintiere im Boden und auf Rinde

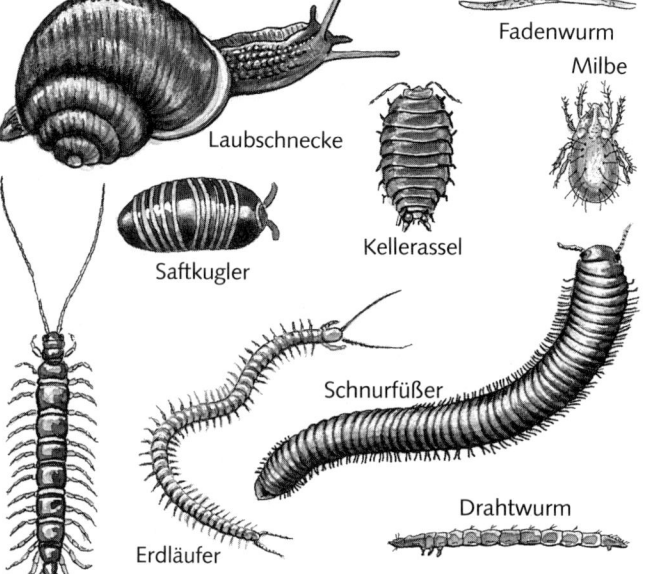

Fadenwurm

Milbe

Laubschnecke

Kellerassel

Saftkugler

Schnurfüßer

Erdläufer

Drahtwurm

Steinläufer

Bremsenlarve

Der unbefangene Naturfreund hält kaum für möglich, welch reichhaltige Tierwelt im Waldboden lebt. Und dabei zeigt die Grafik nur einige gut erkennbare Formen!

Selbst eine nur dünne Bodenschicht reicht aus zum Gedeihen
dieses unterwuchsreichen
Waldes. Das Ausgangsgestein ist
hier Muschelkalk. Im Boden, vor
allem in der Streuschicht, lebt
eine vielfältige Tierwelt.

Boden aufliegt. Ein so aufgebautes Bodenprofil ist für einen
mitteleuropäischen Mischwald typisch, es kann aber je nach
Untergrund und Lage auch anders aussehen.

Hier interessiert, welche Tiere in der Streu leben. Bringt man
eine Probe in einen Trichter und beleuchtet und erwärmt
dann von oben (Berlese-Apparat), flüchten viele kleine Tiere
nach unten in ein bereitgestelltes Glas. Unter der Lupe oder
der Stereolupe entdeckt man eine vielfältige Kleintierfauna:
Fadenwürmer, Laubschnecken, kleine Ringelwürmer, zu den
Spinnentieren gehörende Milben, zu den Krebstieren gehörende Kellerasseln und zu den Tausendfüßern gehörende
Saftkugler, Erd- und Steinläufer und natürlich verschiedene
Insekten und deren Larven. In den obersten Zentimetern lebt
also eine verborgene kleine Welt von interessanten Tieren.

Kleintiere im Boden und auf Rinde

Auf der Rinde von Bäumen können sich alle möglichen Lebewesen ansiedeln. Zunächst fallen nur ein paar Flechten auf. Bei näherem Hinsehen kann man aber auch eine vielfältige Tierwelt entdecken.

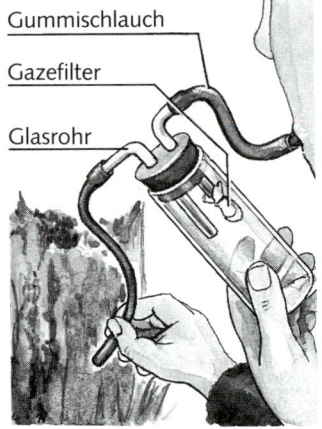

Gummischlauch

Gazefilter

Glasrohr

Ansauggerät zum Sammeln von Rindentieren.

Gleiches stellt man fest, wenn man die Rinde eines Baumes näher untersucht. Neben Algen, Moosen und vor allem Flechten ist eine Fülle von spezialisierten Kleintieren versammelt: Fadenwürmer, Schnecken wie Steinpicker oder verschiedene Schließmundschnecken, Weberknechte, Pseudoskorpione, Kellerasseln, Steinläufer und natürlich wieder Insekten und deren Larven. Wenn man sich mit diesem vielfältigen Leben näher befassen will, ist ein Ansauggerät sehr hilfreich, das man mit wenig Aufwand selbst bauen kann.

Jeder Waldwanderer wird über kurz oder lang mit Vertretern der Gliederfüßer Bekanntschaft machen.

Die Gliederfüßer

Spinnentiere und Tausendfüßer
Unter den Spinnen fallen besonders die Netze bauenden Webspinnen auf. Die Kreuzspinnen mit der typischen Zeichnung auf dem Hinterleib bauen kreisrunde Netze von ungefähr 30 cm Durchmesser. Die Spinne sitzt meist im Zentrum des Netzes oder lauert in der Nähe in einem Versteck. Bei Erschütterung durch ein gefangenes Beutetier kommt sie

Vielfältig wie das Tierleben im Waldboden ist auch das auf der Rinde der Bäume. Man muß nur genau hinsehen, dann erschließt sich eine Fülle von Formen.

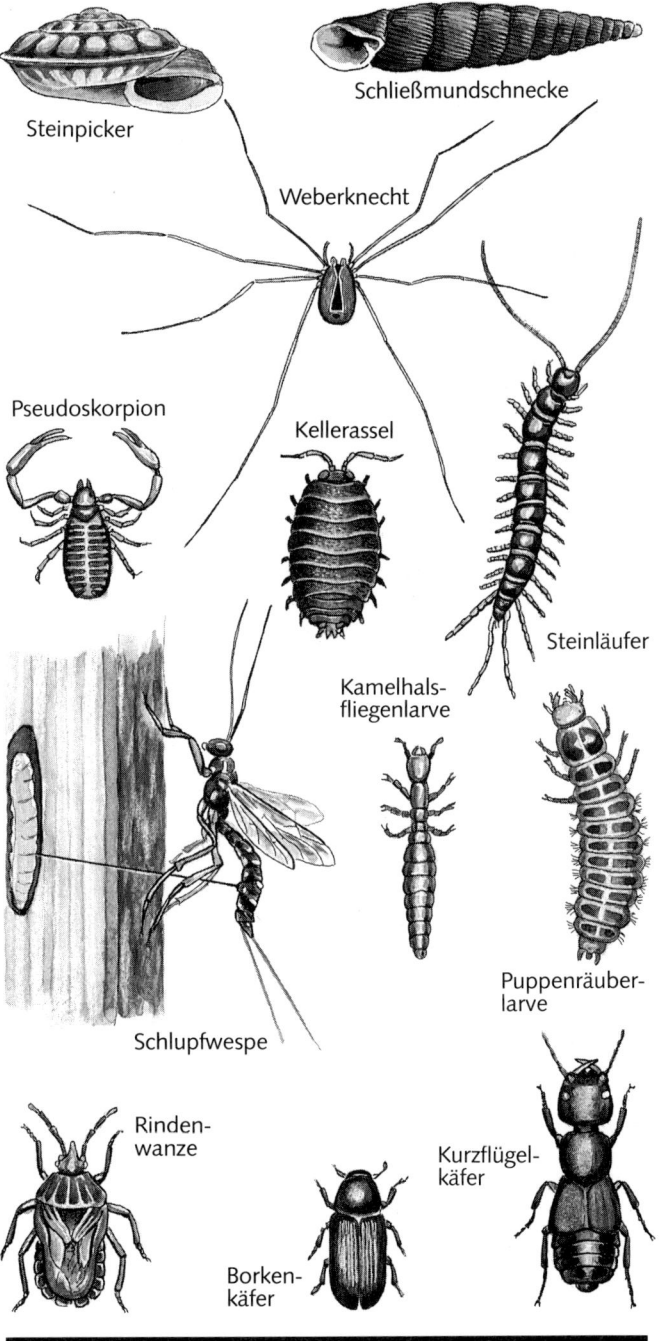

Steinpicker

Schließmundschnecke

Weberknecht

Pseudoskorpion

Kellerassel

Steinläufer

Kamelhals-fliegenlarve

Puppenräuber-larve

Schlupfwespe

Rinden-wanze

Kurzflügel-käfer

Borken-käfer

Die Gliederfüßer

Auf die Kreuzspinne *(Araneus diadematus)* wird man meist durch ihr großes Radnetz aufmerksam, in dessen Zentrum das Tier auf Beute wartet. Von nahem sieht man auf dem Rücken die typische Zeichnung, die der Spinne ihren Namen eingetragen hat.

sofort an die entsprechende Stelle im Netz und lähmt die Beute durch einen Biß. Die Wolfsspinnen bauen keine Netze, sondern gehen „zu Fuß" auf Jagd. Krabbenspinnen dagegen lauern gut getarnt in Blüten auf ihre Beute.

Eine unangenehme Erfahrung ist ein Stich der nur millimetergroßen Zecke (Gattung *Ixodes*). Diese zu den Milben gehörenden Spinnentiere lassen sich von Sträuchern und Bäumen aus auf Warmblüter fallen, bohren sich in die Haut ein und saugen Blut. Die Stiche erzeugen einen starken Juckreiz. In manchen Gegenden übertragen Zecken die Erreger der Hirnhautentzündung. Man sollte die Tiere daher sofort entfernen (lassen).

Unter den Tausendfüßern sind als bekannteste Formen die Schnurfüßer (Gattung *Julus*) zu nennen. Ihr langgestreckter, in einzelne Ringe gegliederter Körper glänzt schwarzbraun. Die Tiere rollen sich bei Gefahr spiralig zusammen. Verwandt sind die Saftkugler (Gattung *Glomeris*). Sie rollen sich – wie ihr Name sagt – zu Kugeln zusammen.

Insgesamt wird es meist bei der Kenntnis nur einiger Gliederfüßer bleiben, denn immerhin kommen 32 500 Arten in Deutschland vor.

Die Tierwelt des Waldes

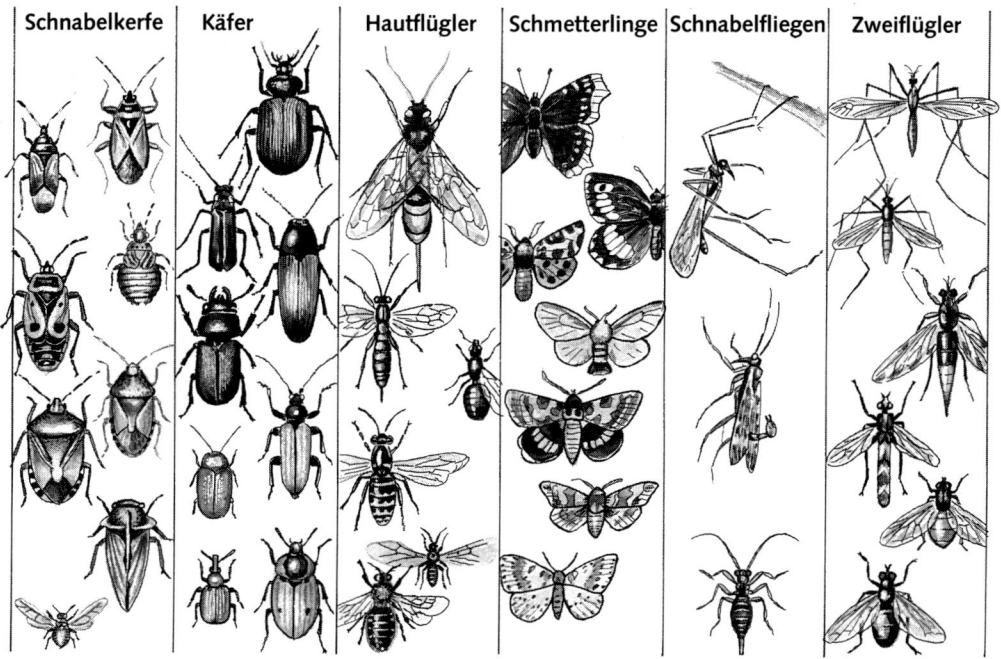

| Schnabelkerfe | Käfer | Hautflügler | Schmetterlinge | Schnabelfliegen | Zweiflügler |

Einige Gruppen von Insekten wird man trotz der ungeheuren Artenfülle leicht erkennen können. Hier sind wichtige Ordnungen dargestellt, darunter jeweils Vertreter typischer Familien. Zur weiteren Beschäftigung mit dieser Tierklasse muß ein ausführliches Bestimmungsbuch herangezogen werden.

Insekten

Mit etwa 800 000 Arten weltweit und 30 000 Arten in Mitteleuropa sind die Insekten die umfangreichste Gruppe der Gliederfüßer. Man kann sie allgemein an folgenden Merkmalen erkennen: Der Körper ist in Kopf, Brust und Hinterleib gegliedert. Am Kopf sitzen die Mundwerkzeuge und verschiedene Sinnesorgane. Das dreiteilige Bruststück trägt die 3 Beinpaare, die beiden hinteren Segmente tragen je 1 Paar Flügel (Ausnahme: Flügellose Insekten und Zweiflügler). Vom Ei bis zum fertigen Insekt – der Imago – erfolgt entweder eine vollständige Verwandlung (Ei – Larve – Puppe – Imago) oder aber eine unvollständige Verwandlung, bei der das Puppenstadium fehlt.

Die Klasse der Insekten gliedert man in verschiedene Ordnungen, von denen hier nur einige wichtige vorgestellt werden sollen, die im Wald vertreten sind:

Schnabelkerfe erkennt man an dem etwas gedrungenen, abgeplatteten Körper. Die Vorderflügel sind nur an der Flügelspitze häutig ausgebildet, am Grund dagegen stark chitinisiert. Zwischen den Vorderflügeln liegt bei vielen Landwanzen ein dreieckiges Schildchen.

Die Gliederfüßer

77

Käfer Bei den Käfern (weltweit 350 000 Arten, in Mitteleuropa 8 000 Arten) sind die Vorderflügel zu sehr harten Deckflügeln geworden. Sie bedecken die häutigen Hinterflügel, mit denen Käfer fliegen.

Hautflügler Neben den Käfern sind vor allem die Hautflügler eine sehr umfangreiche Ordnung. Diese Insekten besitzen häutige Flügel, die über eine Hakenleiste miteinander verbunden sind. Zu den Hautflüglern zählen etwa Bienen, Wespen, Schlupfwespen und Ameisen.

Schmetterlinge haben als charakteristische Merkmale die mit winzigen, flachen Schuppen bedeckten Flügel und den langen, einrollbaren Saugrüssel.

Schnabelfliegen Sicherste Kennzeichen der Schnabelfliegen sind die merkwürdig verlängerten Mundwerkzeuge und das beim Männchen wie ein Skorpionsstachel aussehende Begattungsorgan am Hinterleibsende.

Zweiflügler haben im Gegensatz zu den anderen Insekten (mit Ausnahme der Flügellosen Insekten) nur ein einziges Flügelpaar. Die Hinterflügel sind zu den als Gleichgewichtsorgane dienenden Schwingkölbchen umgebildet. In diese Ordnung gehören Mücken und Fliegen.

Innerhalb der Vielfalt der Insekten sind sehr viele verschiedene Bautypen und Lebensweisen verwirklicht. Die Schnabelkerfe beispielsweise saugen Pflanzensäfte, nachdem sie das Gewebe angestochen haben. Unter den Käfern gibt es sowohl räuberische Formen wie auch Aas- und Pflanzenfresser. Bei den Schmetterlingen fressen die Raupen an Pflanzen, während die erwachsenen Tiere Nektar saugen.

Weil unter den Insekten auch viele gefürchtete Schädlinge von großer wirtschaftlicher Bedeutung sind, müssen sich die Forstleute immer wieder mit den Tieren auseinandersetzen. Beispielsweise gehen die Borkenkäfer zwar in erster Linie an kranke oder abgestorbene Bäume, bei Massenvermehrung befallen sie aber auch gesunde Bäume.

Maikäfer *(Melolontha melolontha)* können bei Massenvermehrung ganze Wälder entlauben. Ihre Engerlinge ernähren sich von den Wurzeln verschiedener Pflanzen und können ebenfalls enormen Schaden anrichten.

Unter den Hautflüglern können manchmal die Holzwespenlarven großen Schaden anrichten, wenn sie nicht nur in abgestorbene, sondern auch in frische Bäume ihre Gänge hineinfressen.

In den Schmetterlingsfamilien der Wickler, Zünsler, Spanner, Spinner, Eulen und Schwärmer finden sich ebenfalls viele

Oben links:
Spätestens seit Wilhelm Busch „Max und Moritz" gezeichnet und geschrieben hat, kennt wohl jeder den Maikäfer *(Melolontha melolontha)*. Da die Käfer und vor allem die im Boden lebenden Larven (Engerlinge) in den Wäldern große Schäden anrichten können, wurden sie jahrelang intensiv bekämpft. Zwischenzeitlich war der Maikäfer daher recht selten geworden. Heute scheinen sich die Bestände wieder etwas erholt zu haben.

Oben rechts:
Während man auf Waldwiesen und entlang der Waldwege diesen und jenen Schmetterling antreffen kann, sieht man im Inneren der Bestände meist nur wenige Arten. Der auf der Borke einer Fichte sitzende, gut getarnte Kiefernschwärmer oder Tannenpfeil *(Hyloicus pinastri)* ist von Freßfeinden wie vom Waldwanderer nur schwer zu entdecken.

Zeuge der Anwesenheit der Roten Waldameise *(Formica rufa)* sind diese kuppelförmigen Bauten. Eine Million und mehr Individuen leben bei diesen staatenbildenden Hautflüglern zusammen. Da die Tiere viele Schädlinge dezimieren und deshalb sehr nützlich sind, sollte man die Ameisenhaufen auf jeden Fall ungestört lassen. Wer darin mit einem Ast stochert, um das aufgeregte Treiben der Tiere zu beobachten, handelt fahrlässig.

Die Gliederfüßer

79

Schädlinge. Die Raupen des Kiefernspanners *(Bupalus piniarius)* etwa fressen bei häufigem Auftreten ganze Kiefernbestände kahl. Schlimmer noch sind Massenentwicklungen der Nonne *(Lymantria monacha)*. Sie zählt zu den ärgsten Forstschädlingen Mitteleuropas überhaupt. Auch die Forloder Kieferneule *(Panolis flammea)* hat schon Millionenschäden angerichtet. Ihre Raupen fressen immer wieder große Kiefernforste völlig kahl.

Pflanzengallen

An den Blättern und Stengeln verschiedenster Pflanzen kann man bisweilen eigentümliche Wucherungen entdecken. Die Bildung solcher Gallen wird meist von Insekten ausgelöst. Als Erreger sind aber auch Mikroorganismen und Pilze bekannt. Unter den verschiedenen Insekten, die eine Gallbildung auslösen können, sind besonders Wespen, Mücken und Läuse hervorzuheben. Die Eier werden in Blätter oder Stengel abgelegt, und die Larven entwickeln sich dann in den sich ausformenden Gallen bis zum fertigen Tier; das gewucherte Pflanzengewebe ernährt die Larven.

Bekannt sind vor allem die Eichengallen. Ihr Erreger ist die Eichengallwespe *(Cynips quercusfolii)*.

An Wildrosen sieht man manchmal rötlichgelbe, zottige Gebilde. Diese Gallen werden von der Rosengallwespe *(Diplolepis rosae)* verursacht.

Rotbuchenblätter tragen oft grünliche oder rötliche, eiförmige Gallen. Hier ist der Erreger die Buchengallmücke *(Mikiola fagi)*.

An Fichten schließlich findet man Gallbildungen, die wegen ihrer Form Ananasgallen genannt werden. Ihr Erreger ist die Rote Fichtengallaus *(Adelges laricis)*.

Auf den Blättern der Rotbuche *(Fagus sylvatica)* findet man häufig die Buchengallen.

Weitere wirbellose Waldtiere

Aus den anderen Tierstämmen sind hier noch die Weichtiere zu nennen. Im Wald wird man bei feuchtem Wetter immer wieder Schnecken begegnen. Da die Tiere hier an Land leben, sind es ausschließlich Lungenschnecken.

Die Rote Wegschnecke *(Arion rufus)* wird 15 cm lang. Bei einer kriechenden Schnecke sieht man gut den langgestreckten Fuß, auf dem sie – unterstützt durch einen Schleimfilm – dahingleitet. Über die Sohle verlaufen wellenartige Muskelbewegungen, die das Tier langsam fortbewegen. Hinter dem Kopf fällt der Mantelschild auf, in dem vor der Mitte das Atemloch sichtbar ist. Bei den Egelschnecken (Familie *Lima-*

Vor allem bei feuchtem Wetter sind die Schnecken unterwegs. Recht auffällig sind die ein Gehäuse tragenden Schnecken. Die Hainschnirkelschnecke *(Cepaea nemoralis)* variiert zwar in der Gehäusezeichnung, erkennen kann man die Art aber immer an dem dunklen Mundsaum.

cidae) liegt dieses Loch hinter der Mitte des Mantelschildes. Im Gegensatz zu den genannten Schnecken haben Hainschnirkelschnecke *(Cepaea nemoralis)* und Weinbergschnecke *(Helix pomatia)* ein Gehäuse. In die Gehäuse können sich die Schnecken bei Gefahr zurückziehen, darin können sie aber auch ungünstige Bedingungen überdauern. Bei Trockenheit verschließen sie die Öffnung mit einem Schleimhäutchen. Die Weinbergschnecke verschließt ihr Haus im Winter sogar mit einem porösen Kalkdeckel. Die Schnecke macht dann eine Winterstarre durch, die bis in das kommende Frühjahr andauert.

Lurche und Kriechtiere

Lurche (Amphibien)

Lurche oder Amphibien sind wechselwarme Wirbeltiere. Sie weisen eine schleimbedeckte Haut auf, in der zahlreiche Drüsen liegen. Als erwachsene Tiere leben Lurche überwiegend an Land, wenn auch in feuchtem Milieu. Sie atmen dann mit Lungen, zusätzlich über die Haut und die Mundschleimhaut. Die Eier werden ins Wasser abgelegt. Die Jugendstadien (Larven) leben im Wasser. Sie atmen mit Kiemen und haben Flossensäume, mit denen sie sich im Wasser fortbewegen können. Erst später entwickeln sich Beine. Die Larven machen also eine Verwandlung oder Metamorphose durch.

Die Amphibien bilden eine eigene Klasse innerhalb der Wirbeltiere. Auf Grund ihrer sehr ans Wasser gebundenen Lebensweise trifft man im Busch- und Baumbestand der Wälder nur wenige Arten an. Am ehesten kann man hier mit dem Feuersalamander *(Salamandra salamandra)* und – in

Amphibien
= Lurche. In diese Wirbeltierklasse gehören Salamander, Molche, Frösche und Kröten.

Größe und Form der Flecken des Feuersalamanders *(Salamandra salamandra)* können regional stark schwanken. Als Feuchtlufttiere kommen die Amphibien meist nur bei Regenwetter zum Vorschein.

den Bergwäldern der Alpen – dem Alpensalamander *(S. atra)* rechnen.

Diesen beiden Vertretern der Schwanzlurche stehen die Froschlurche gegenüber. Ihnen begegnet man im Wald in Form von Erdkröte *(Bufo bufo)*, Laubfrosch *(Hyla arborea)* und Grasfrosch *(Rana temporaria)*. In den Gewässern im Wald finden natürlich weitere Formen Lebensmöglichkeiten.

Kriechtiere (Reptilien)

Kriechtiere oder Reptilien sind wie die Lurche wechselwarm, aber überwiegend Landbewohner. Ihre Haut ist im Gegensatz zu der der Lurche nicht nackt und feucht, sondern mit Hornschuppen bedeckt und trocken. Hautdrüsen sind nur selten vorhanden. Vorder- und Hintergliedmaßen sind fast gleich gestaltet. Bei den Schleichen und Schlangen sind sie aber reduziert bzw. fehlen ganz. Es findet eine innere Befruchtung statt. Die Eier weisen eine pergamentartige Schale auf, in die bisweilen Kalk eingelagert ist. Die Jungen wachsen ohne Verwandlung heran. Die Reptilien bilden wie die Amphibien eine eigene Klasse der Wirbeltiere.

Im Wald begegnet man recht häufig der Zauneidechse

Reptilien
= Kriechtiere. In diese Wirbeltierklasse gehören Eidechsen, Schleichen und Schlangen.

Blindschleichen *(Anguis fragilis)* werden oft für Schlangen – sogar für Giftschlangen – gehalten und von unvernünftigen Menschen erschlagen. Tatsächlich sind die Schleichen mit den Eidechsen näher verwandt und völlig harmlos.

(Lacerta agilis) und der Wald- oder Bergeidechse *(L. vivipara)*. Daneben kommt die Blindschleiche *(Anguis fragilis)* vor; wie die genannten Arten ist sie trotz äußerlich nicht sichtbarer Gliedmaßen eine echte Eidechse.

Weiter trifft man bisweilen auf Schlangen, unter denen die Familie der Nattern mit Äskulapnatter *(Elaphe longissima)*, Ringelnatter *(Natrix natrix)*, Würfelnatter *(N. tesselata)* und Glatt- oder Schlingnatter *(Coronella austriaca)* vertreten ist. Aus der Familie der Vipern oder Ottern beobachtet man an entsprechenden Stellen die Kreuzotter *(Vipera berus)*.

Da die Reptilien wechselwarm sind, wird man im kühlen Inneren der Baumbestände kaum auf sie stoßen. An Waldrändern und auf Lichtungen kann man sie eher beobachten.

Die Waldvögel

Gegenüber den Lurchen und Kriechtieren ist die Körpertemperatur der Vögel unabhängig von der Außentemperatur immer gleich hoch. Der Körper ist durch das Federkleid nach außen gegen Regen, Wind, Kälte und Hitze geschützt. Es isoliert außerdem gegen zu hohen Wärmeverlust.

Das Skelett weist einige Besonderheiten auf, die allesamt eine möglichst hohe Gewichtsersparnis zum Ziel haben. Die Hintergliedmaßen haben eine normale Gestalt, während die zu Flügeln umgebildeten Vordergliedmaßen in Kombination mit dem Fluggefieder leistungsfähige Tragflächen ergeben, mit denen sich die Vögel in der Luft halten und fortbewegen können. Da die Federn vor allem an den Flügeln starken Beanspruchungen ausgesetzt sind, werden sie regelmäßig bei der Mauser durch neue ersetzt. Ein wichtiges anatomisches Merkmal der Vögel ist der Schnabel, der wie das Gefieder aus dem leichten Baumaterial Horn besteht.

Als Atmungsorgan dient den Vögeln ein kompliziertes System bestehend aus der Lunge und den anhängenden Luftsäcken.

Nach einer inneren Befruchtung legen die Vögel dotterreiche Eier, die von einer Kalkschale umgeben sind. Bis auf wenige Ausnahmen werden die Eier bis zum Schlüpfen der Jungen von den Altvögeln durchgehend bebrütet.

Die am besten ausgebildeten Sinnesorgane der Vögel sind die Augen und die Ohren. Dies drückt sich unter anderem darin aus, daß viele Verhaltensweisen der Vögel über optische Reize ausgelöst werden und daß die meisten Vögel über ein oft ausgedehntes Repertoire an Rufen und Gesängen verfügen.

Zusammen mit ihrer Aktivität sind dies vielleicht diejenigen Eigenschaften, die eine Beschäftigung mit den Vögeln für den Menschen so reizvoll machen.

Ökologie der Vögel

Die Vögel weisen zwar einen einheitlichen Grundbauplan auf, sind aber – wie alle Lebewesen – vom Körperbau her an ihre Lebensweise angepaßt. An den Flügeln beispielsweise kann man gut ablesen, daß Form und Funktion miteinander verknüpft sind. Die Beine ermöglichen es den Vögeln, zu sitzen, zu laufen, an Baumstämmen zu klettern, Beute zu greifen, zu paddeln oder zu schwimmen. Der Schnabel weist ähnliche Anpassungen wie die Beine auf. Die einen knacken mit ihrem kräftigen Körnerfresserschnabel Samen und Früchte auf, die anderen fangen mit ihrem pinzettenartigen Schnabel Insekten, die Spechte meißeln mit dem Schnabel Höhlen in Baumstämme, Greifvögel und Eulen reißen mit dem Hakenschnabel Fleischstücke aus der gefangenen Beute, und die Kreuzschnäbel holen mit ihrem hochspezialisierten Schnabel Samen aus den Zapfen von Nadelbäumen heraus.

Beutefang und Nestbau sind ähnlich vielfältig wie die morphologischen Merkmale. Manche Vögel fangen ihre Beute am Boden, andere in Büschen, die dritten in der Luft. Die einen Vögel brüten am Boden, die anderen in niedriger Höhe in Büschen. Die dritten brüten als Höhlenbrüter im Inneren der Stämme, und weitere Arten legen ihre Nester auf Ästen in den Baumkronen an. Diese wenigen Beispiele zeigen schon, daß unter den Waldvögeln ganz unterschiedliche Lebensweisen verwirklicht sind. In einem Wald können deshalb

Die Balz des Auerhahns *(Tetrao urogallus)* gehört zum Eindrucksvollsten, was man in unseren Wäldern erleben kann. Leider stehen die großen Vögel als „vom Aussterben bedroht" auf der Roten Liste.

viele verschiedene Vogelarten nebeneinander vorkommen. Sie besetzen ganz unterschiedliche ökologische Nischen. Je abwechslungsreicher ein Wald ist, desto reichhaltiger ist die zu erwartende Vogelwelt.

Systematik der Vögel
Die Vögel bilden eine eigene Klasse innerhalb der Wirbeltiere. Die Vogelkundler oder Ornithologen gehen davon aus, daß es auf der Welt zwischen 8 700 und 9 000 Vogelarten gibt, in Europa etwa 450. Der Vogelfreund mag daran denken, daß in diese Fülle Arten vom Kolibri bis zum Strauß fallen. Im Wald begegnet man natürlich nur einer Auswahl aus der Vielfalt.

Greifvögel   Ein noch häufig zu beobachtender Greifvogel ist der Mäusebussard *(Buteo buteo)*. Im Flug fallen der runde Kopf, der breite, gerundete Schwanz und die langgezogenen „hiäh"-Rufe auf. Der Horst wird fast immer in großer Höhe auf Bäumen angelegt. Im Abstand von jeweils 3 oder 4 Tagen legt das Weibchen 2 bis 3 weißliche, rötlichbraun gefleckte Eier. Die Brutdauer beträgt 4 Wochen. Nach weiteren 6 Wochen verlassen die Jungbussarde den Horst.

Den Habicht *(Accipiter gentilis)* bekommt man viel seltener zu Gesicht als den Mäusebussard. Der Horst – ähnlich groß wie ein Bussardhorst – wird ebenfalls auf hohen Bäumen errichtet. Das Weibchen legt 3 bis 4 grünlichweiße Eier. Die Jungen schlüpfen nach rund 35 Tagen und verlassen nach weiteren 5 bis 6 Wochen den Horst.

Hühnervögel   Das Auerhuhn *(Tetrao urogallus)* ist einer der wenigen heimischen Hühnervögel, die im Wald leben. Die Hähne werden 86 cm lang, die Weibchen bleiben mit 61 cm Länge deutlich kleiner. Besonders eindrucksvoll ist die ausgedehnte Balzzeremonie des Hahnes – ein Folge aus Knappen, Hauptschlag und Schleifen. Die Henne brütet in einer flachen Bodenmulde, meist am Fuß eines Baumes. Auerhühner brauchen vor allem ruhige Misch- und Nadelwälder mit reichlichem Unterwuchs und sind heute vom Aussterben bedroht. Stark gefährdet ist das kleinere Haselhuhn *(Tetrastes bonasia)*.

Tauben   Die Ringeltaube *(Columba palumbus)* kommt nicht nur in kleineren und größeren Waldgebieten vor, sondern brütet mittlerweile auch in Gärten und Parks. Der Vogel baut ausgesprochen schlampige Nester. Meist werden nur wenige Zweige zu einem flachen Bau von etwa 30 cm Durchmesser zusammengelegt. Von unten sieht man durch das lockere Geflecht 2 weiße Eier im Nest liegen. Die frühesten Gelege findet man bei uns im April, manchmal auch schon im März.

Die Hohltaube *(Columba oenas)* ist viel stärker an Waldgebiete gebunden als die vorige Art. Außerdem ist sie als Höhlenbrüter auf das Vorhandensein natürlicher oder künstlicher

Habicht
(47–61 cm)

An den weißen Halsseiten und den weißen Flecken am Flügelbug ist die Ringeltaube *(Columba palumbus)* leicht zu erkennen. Außerhalb der Brutzeit streifen die Vögel oft schwarmweise weit umher, um Nahrung zu suchen.

Ein recht heimlicher Bewohner der Wälder ist die Waldohreule *(Asio otus)*. An ihrer schlanken Gestalt und den Federbüscheln am Kopf ist sie eindeutig zu bestimmen. Im Winter tauchen die Vögel bisweilen an Schlafplätzen mitten in Dörfern und Städten auf.

Nisthöhlen angewiesen. Sie ist der Ringeltaube in der Grundfärbung ähnlich, ihr fehlen aber der weiße Halsfleck und die weißen Flügeldecken. Die Hohltaube legt ebenfalls 2 weiße Eier. Die Jungen werden – wie bei allen Tauben – anfangs mit einer Kropfmilch gefüttert und erst im Alter von etwa 10 Tagen zusätzlich mit Sämereien und Früchten.

Kuckuck   Der Kuckuck *(Cuculus canorus)* ist nur von Mitte Mai bis Mitte August bei uns. Als einziger Brutschmarotzer in der mitteleuropäischen Vogelwelt läßt er seine Eier von anderen Vögeln ausbrüten und die Jungen von ihnen aufziehen. Ein Weibchen legt 15 bis 20 Eier. Die jungen Kuckucke werfen nach dem Schlüpfen die restlichen Eier aus dem Nest und werden daher allein von den Stiefeltern aufgezogen.

Eulen   Eine Eule, die sich immer noch in guten Beständen hält, ist der Waldkauz *(Strix aluco)*. Oft hört man schon im Februar die langgezogenen „huuu, huuuu, huuu"-Rufe der Männchen. In der zweiten Märzhälfte findet man die Gelege aus 3 bis 4 weißen Eiern, fast immer in Baumhöhlen.

Die Waldohreule *(Asio otus)* sieht dem Waldkauz ähnlich, aber die langen, gut sichtbaren Federohren fallen auf. Sie baut nie einen eigenen Horst, sondern benutzt die Nester

Die Waldvögel

von Elstern, Krähen, Greifvögeln und sogar von Tauben. Gelege findet man bei uns im März/April.

Spechte Spechte haben charakteristische Kennzeichen: Mit ihrem kräftigen, stoßgedämpften Meißelschnabel hakken sie auf Baumrinde und morschem Holz ihre Nahrung frei. Die lange, mit Widerhaken besetzte Zunge holt die Beutetiere selbst aus feinsten Höhlungen im Holz hervor. Mit dem Schnabel geben die Vögel aber auch Artgenossen Klopf- und Trommelzeichen, und sie zimmern damit ihre Bruthöhlen. Mit den Füßen, die 2 nach vorne und 2 nach hinten gerichtete Zehen haben, klettern sie an Baumstämmen. Der keilförmige Stützschwanz ist eine zusätzliche Anpassung an ihre Lebensweise.

Buntspecht
(23 cm)

Einer der häufigsten schwarz-weiß-roten Spechte ist der Buntspecht *(Dendrocopos major)*; seltener ist schon der Kleinspecht *(D. minor)*, und der Mittelspecht *(D. medius)* steht auf der Roten Liste.

Die beiden grünen Spechte kann man leicht verwechseln. Beim Grünspecht *(Picus viridis)* tragen die Altvögel eine rote Kopfplatte und einen breiten Bartstreif. Der Grauspecht *(P. canus)* hat einen grauen Kopf mit viel weniger Rot und einen schmalen, schwarzen Bartstreifen. Der Grünspecht läßt ein lautes „glüh-glüh-glüh" hören, beim Grauspecht wird die Folge etwas leiser, und sie fällt gegen Ende ab. Beide Arten bezeichnet man auch als Erdspechte, da sie gerne auf dem Boden ihre Nahrung suchen.

Grauspecht
(25 cm)

Der Schwarzspecht *(Dryocopus martius)* ist der größte unter den heimischen Spechten. Das Gefieder ist – bis auf das Rot der Kopfplatte – durchgehend schwarz gefärbt. Meist wird man auf den Specht erst durch seine langgezogenen „kliöh"-Rufe aufmerksam.

Grasmücken und Laubsänger Im Wald ist neben der unscheinbar bräunlichgrün gefärbten Gartengrasmücke *(Sylvia borin)* vor allem die Mönchsgrasmücke *(S. atricapilla)* vertreten. Das Männchen hat eine schwarze Kopfplatte, das Weibchen eine rotbraune. Die Vögel treffen Mitte April wieder in Mitteleuropa ein. Ihr Nest steht niedrig über dem Boden in Büschen und Hecken. Es werden 2 Bruten aufgezogen. Ab Mitte September verlassen die Mönchsgrasmücken ihre Brutgebiete wieder, um in Südeuropa oder Nordafrika zu überwintern.

Mönchsgrasmücke
(14 cm)

Die Laubsänger sind allesamt unscheinbar grün. Am besten zieht man zur Artdiagnose die Gesänge heran. Der Gesang des Waldlaubsängers *(Phylloscopus sibilatrix)* ist ein charak-

Fitis
(11 cm)

Sommer-
goldhähnchen
(9 cm)

Rotkehlchen
(14 cm)

Zaunkönig
(9,5 cm)

Amsel
(25,5 cm)

Singdrossel
(23 cm)

teristisches „sib sib sib sirrrr". Der Zilpzalp *(P. collybita)* singt so, wie er heißt. Und der Fitis *(P. trochilus)* hat als Gesang eine weiche, wohlklingende Kadenz. Die Vögel bauen bis auf eine seitliche Öffnung allseits geschlossene Bodennester. Sie sind Sommervögel.

Goldhähnchen Sie sind die kleinsten Vögel Europas und wiegen gerade 5 g. Während beim Wintergoldhähnchen *(Regulus regulus)* jegliche Zeichnung um die Augen herum fehlt, sind für das Sommergoldhähnchen *(R. ignicapillus)* schwarze und weiße Augenstreifen typisch. Die Vögel bauen Kugelnester in die Zweige von Nadelbäumen und brüten zweimal im Jahr.

Rotkehlchen Die Rotkehlchen *(Erithacus rubecula)* bleiben oft den Winter über bei uns. Der größte Teil der Vögel zieht aber in den Mittelmeerraum, um dort zu überwintern. Im März kehren die Vögel zurück und besetzen Reviere. Die Männchen singen dann ihr Lied, das mit leisen Tönen beginnt und mit perlenden Tönen endet. Rotkehlchen bauen ihre Nester gut versteckt am Boden.

Zaunkönig Mit 8,5 g wiegt ein Zaunkönig *(Troglodytes troglodytes)* nur 3,5 g mehr als ein Goldhähnchen, und man ist immer wieder erstaunt, daß ein so kleiner Vogel so laut singen kann. Äußerlich fällt der braune Vogel mit dem kurzen Stelzschwanz dagegen nur wenig auf. Aus Moos und trockenen Blättern wird in Bodennähe ein Kugelnest mit einem seitlichen Eingang angelegt.

Drosseln Früher war die Amsel oder Schwarzdrossel *(Turdus merula)* ein scheuer Waldvogel. Heute kommt sie als Kulturfolger auch in Städten vor. Das Männchen ist einfarbig schwarz mit gelbem Augenring und gelbem Schnabel. Das Weibchen ist unscheinbar dunkelbraun gefärbt. Im Wald findet man die Nester in Astgabeln von Bäumen und Büschen, meist nicht sehr hoch über dem Erdboden. Die ersten Gelege mit 4 bis 6 auf verwaschen grünem Grund bräunlich gefleckten Eiern findet man im April.

Die Singdrossel *(Turdus philomelos)* ist etwas kleiner als die Amsel. Bei beiden Geschlechtern ist die Oberseite einfarbig braun, die Unterseite weißlichgrau und schwarzbraun gefleckt. Anfang März treffen die Vögel wieder an den Brutplätzen ein. Ihr Gesang aus einzelnen, jeweils mehrere Male wiederholten Strophen ist typisch. Singdrosseln bauen ähnliche Nester wie Amseln, nur sind die Innenwände sauber und glatt ausgekleidet. Die 4 bis 6 Eier sind auf türkisfarbenem Grund schwarz gesprenkelt.

Die Waldvögel

Schwanzmeise Die Schwanzmeise *(Aegithalos caudatus)* hat einen rundlichen Körper und einen unverhältnismäßig langen Schwanz. Das eiförmige Nest wird aus Gespinsten von Spinnen und Schmetterlingsraupen, Moos und Pflanzenfasern erbaut; es hat eine seitliche Eingangsöffnung. Schwanzmeisen legen zweimal im Jahr jeweils etwa 10 Eier.

Schwanzmeise
(14 cm)

Meisen Meisen sind lebhafte Kleinvögel, die geschickt in den Zweigen herumturnen.

Die Kohlmeise *(Parus major)* ist mit ihren 14 cm Körperlänge, ihrer blauschwarzen Kopf- und Halszeichnung und dem ebenfalls blauschwarzen Streifen auf dem gelben Bauch die größte und auffälligste heimische Meisenart.

Ähnlich in der Kopfzeichnung ist die Tannenmeise *(P. ater)*. Dem Gefieder fehlen aber das satte Gelb und der dunkle Streifen auf der Brust. Ein weiteres sicheres Kennzeichen der Tannenmeise ist der weiße Nackenfleck.

Kohlmeise
(14 cm)

Die Haubenmeise *(P. cristatus)* ist an der schwarzweißen Gesichtszeichnung und der Federhaube auf dem Kopf zu erkennen. Dazu kommt ihr charakteristisches „zizi gürrr".

Sumpfmeise *(P. palustris)* und Weidenmeise *(P. montanus)* haben beide ein graubraunes Gefieder, eine schwarze Kopfplatte und ein schwarzes Kinn. Unterscheidungsmerkmal sind das helle Flügelfeld der Weidenmeise und die Stimmen.

Kleiber Der Kleiber *(Sitta europaea)* ist wegen seiner Körperproportionen in der Lage, mit dem Kopf stammabwärts zu laufen und auf der Rinde nach Nahrung zu suchen. An den lauten „tüh tüh tüh"-Pfiffen, dem blaugrauen Rücken und der rotbraunen Unterseite erkennt man den Vogel sofort. Kleiber sind wie die Meisen Höhlenbrüter. Als Besonderheit verkleinern sie die Einschlupföffnung mit Speichel und Lehm auf ihre Körpermaße (daher der Name Kleiber = Kleber!).

Kleiber
(14 cm)

Baumläufer Baumläufer können im Gegensatz zum Kleiber die Stämme nur aufwärts klettern. Dabei dient ihnen der Schwanz als Stütze. Neben dem unscheinbar braun gefärbten Waldbaumläufer *(Certhia familiaris)* ist bei uns auch der zum Verwechseln ähnliche Gartenbaumläufer *(C. brachydactyla)* heimisch. Vertikale Verbreitung und Stimme sind die wichtigsten Unterscheidungsmerkmale. Baumläufer legen ihre Nester hinter abstehenden Rindenstücken, in Baumhöhlen, Holzstößen und an ähnlichen Plätzen an.

Finken Alle Finkenvögel zeichnen sich dadurch aus, daß sie einen kräftigen Schnabel haben, mit dem sie hartschalige Samen und Früchte knacken können.

Der Buchfink *(Fringilla coelebs)* ist der bekannteste unter

Waldbaumläufer
(12,5 cm)

Die Finken haben einen kräftigen Körnerfresserschnabel. Der Buchfink *(Fringilla coelebs)* ist der häufigste Vertreter dieser Singvogelfamilie. Das Männchen erkennt man an der blaugrauen Kopfplatte, dem olivgrünen Bürzel und den weißen Flügelbinden.

Dompfaff
(15 cm)

Eichelhäher
(34 cm)

ihnen. Das Männchen ist an seinem rotbraunen Rücken und der blaugrauen Kopfplatte leicht vom unscheinbar grün gefärbten Weibchen zu unterscheiden. Buchfinken bauen auf waagerechten Ästen und in Astgabeln kunstvolle, gut getarnte Nester.

Der Gimpel oder Dompfaff *(Pyrrhula pyrrhula)* ist kaum zu verwechseln. Die karminrote Brust, die schwarze Kopfplatte, der blaugraue Rücken und die deutliche Schwarzweißzeichnung an Schwanz und Flügeln sind eindeutige Kennzeichen. Das Weibchen sieht dem Männchen ähnlich, hat aber eine graubraune Brust. Der Ruf ist ein leises „diüüü".

Den Grünling *(Carduelis chloris)* erkennt man am besten an Größe und Form und der olivgrüngelben Färbung. Der Vogel legt sein Nest – ähnlich wie der Gimpel – in 2 bis 4 m Höhe in kleinen Nadelbäumen oder Büschen an.

Eichelhäher Der Eichelhäher *(Garrulus glandarius)* warnt durch heiseres Rätschen andere Vögel vor drohenden Gefahren und ist kaum zu überhören. Er ist aber auch an seiner Färbung leicht zu erkennen: Die schwarzblauen Federn am Flügelbug, die weiße Zeichnung im Flügel und der weiße Bürzel sind auffällige Kennzeichen.

Die Waldvögel

Säugetiere sind gleichwarm. Ihr typisches Merkmal ist das Haarkleid (Fell), das gegen Witterungseinflüsse schützt und den Körper isoliert. Es wird – meist gesteuert durch die Jahreszeiten – periodisch gewechselt (Sommer-/Winterfell). Am Skelett fällt neben den an Schulter- und Beckengürtel ansetzenden paarigen Gliedmaßen vor allem der Schädel auf. Das Gebiß zeigt charakteristische Anpassungen an die Lebensweise. Ein in der Jugend angelegtes Milchgebiß wird nach dem Zahnwechsel durch ein Dauergebiß ersetzt. Säugetiere atmen mit Lungen, auch die dauernd im Wasser lebenden Formen. Nach erfolgter innerer Befruchtung entwickeln sich die Jungen im Mutterleib. Sie werden nach der Geburt mit in besonderen Drüsen produzierter Milch ernährt.

Die Säugetiere des Waldes

Ökologie der Säugetiere

Die Säugetiere sind eine durchaus vielgestaltige Gruppe von Tieren. Im Wald sind von den Spitzmäusen und Mäusen als kleinsten Formen bis zum Rotwild als größter Form viele verschiedene Säuger mit ganz unterschiedlichen Lebensweisen vertreten. Das Gebiß vor allem zeigt charakteristische Anpassungen, je nachdem, ob überwiegend pflanzliche, gemischte oder tierische Nahrung aufgenommen wird. Die Nahrung kann am Boden, im Gebüsch oder auf Bäumen gesucht werden. Die einen Säugetiere sind tagaktiv, die anderen gehen in der Nacht auf Nahrungssuche. Manche versuchen Freßfeinden zu entgehen, indem sie schnell flüchten, andere verstecken sich in einem unterirdischen Bau, und der Igel rollt sich ein, um als stachelbewehrte Kugel einem Angriff zu trotzen. Auch hier zeigen schon wenige Beispiele, daß die Tiere auf ganz unterschiedliche Weise leben. Und auch im Fall der Säugetiere gilt: Je abwechslungsreicher ein Wald, desto artenreicher die Fauna.

Systematik der Säugetiere

Die Säugetiere bilden wie die Lurche, Kriechtiere und Vögel eine eigene Klasse innerhalb der Wirbeltiere. Einige wesentliche Vertreter seien hier vorgestellt.

Mäuse Die Waldmaus (*Apodemus sylvaticus*) wird etwa 20 cm lang, wovon allerdings die Hälfte auf den Schwanz entfällt. Sie wiegt zwischen 15 und 35 g. In einem Erdbau werden dreimal im Jahr nach einer Tragzeit von 3 Wochen 3 bis 9 Junge geboren.

Bei der ähnlichen Gelbhalsmaus (*Apodemus flavicollis*) ist die weiße Unterseite härter gegen die braune Oberseite

Ordnung: Insektenfresser
Hierher gehören vor allem der Igel, der Maulwurf und die Spitzmäuse.

Ordnung: Flattertiere
In diese Ordnung werden die Fledermäuse gestellt. Viele der heimischen Arten kommen im Wald vor. Auf Grund der Verarmung der Insektenfauna sind viele Arten im Bestand gefährdet.

Ordnung: Hasentiere
Hierher stellt man Feldhase – also einen Bewohner der offenen Landschaft – und das Wildkaninchen, dem man an Waldrändern begegnen kann.

Ordnung: Nagetiere
Diese Ordnung ist sehr umfangreich. Eichhörnchen, Biber, Siebenschläfer, Feldmaus und Waldmaus sind exemplarische Vertreter.

Ordnung: Raubtiere
Zu den Raubtieren zählen sowohl die kleinen Marder (Baummarder, Dachs) wie die großen Bären (Braunbär). Mittelgroße Formen sind die Katzen- (Wildkatze, Luchs) und Hundeartigen (Fuchs, Wolf). Die größeren Raubtiere wie Bär, Luchs und Wolf wurden vom Menschen fast ausgerottet. In geeigneten Gebieten versucht man die Wiedereinbürgerung.

Ordnung: Paarhufer
3 große Familien bilden diese Ordnung – die Schweine (Wildschwein), die Hornträger (Mufflon) und die Hirsche (Reh, Damhirsch, Rothirsch). Auf Grund hoher Bestände kommt es gebietsweise zu Baumschäden (z. B. durch Rotwild).

abgesetzt als bei der Waldmaus. Die Beobachtung der Mäuse wird erschwert, weil sie vorwiegend nachtaktiv sind.

Eichhörnchen   Auch das Eichhörnchen *(Sciurus vulgaris)* ist ein Nagetier. Es wird bis zu 30 cm lang, der buschige Schwanz 25 cm. Das Tier kann hervorragend klettern. Im Kronendach springt es geschickt von einem Baum zum nächsten. Typisch sind die aus Laub und Zweigen gebauten Baumnester oder Kobel. Zweimal im Jahr werden dort nach 5 Wochen Tragzeit 3 bis 7 Junge geworfen. Die Kobel benutzen die Eichhörnchen auch zur Überwinterung.

Baummarder   Der Baummarder *(Martes martes)* gehört zu den Raubtieren. Er ist an dem geschlossenen, gelben Kehlfleck zu erkennen. Baummarder sind überwiegend nachts tätig. Ihre Nahrung besteht aus kleinen Säugetieren – vor allem Eichhörnchen –, Vögeln, Insekten und den Früchten verschiedener Pflanzenarten. Der Marder lebt in Baumhöhlen und zieht dort 3 bis 5 Junge pro Wurf auf.

Im September/Oktober hallen die Brunftschreie der Rothirsche *(Cervus elaphus)* durch unsere Wälder. Für den Jäger ist das der Höhepunkt des Jagdjahres. Bei zu hoher Populationsdichte verursacht das Rotwild allerdings Schäl- und Verbißschäden an den Bäumen. Deshalb kollidieren in manchen Gebieten die Interessen der Jäger mit denen der Waldbesitzer.

Rothirsch, Rehbock und Damhirsch werfen ihr Geweih – im Gegensatz zu den Hornträgern wie dem Mufflon – jedes Jahr ab und bilden im darauffolgenden Jahr ein neues, bis zu einem gewissen Alter ein jeweils stärkeres.

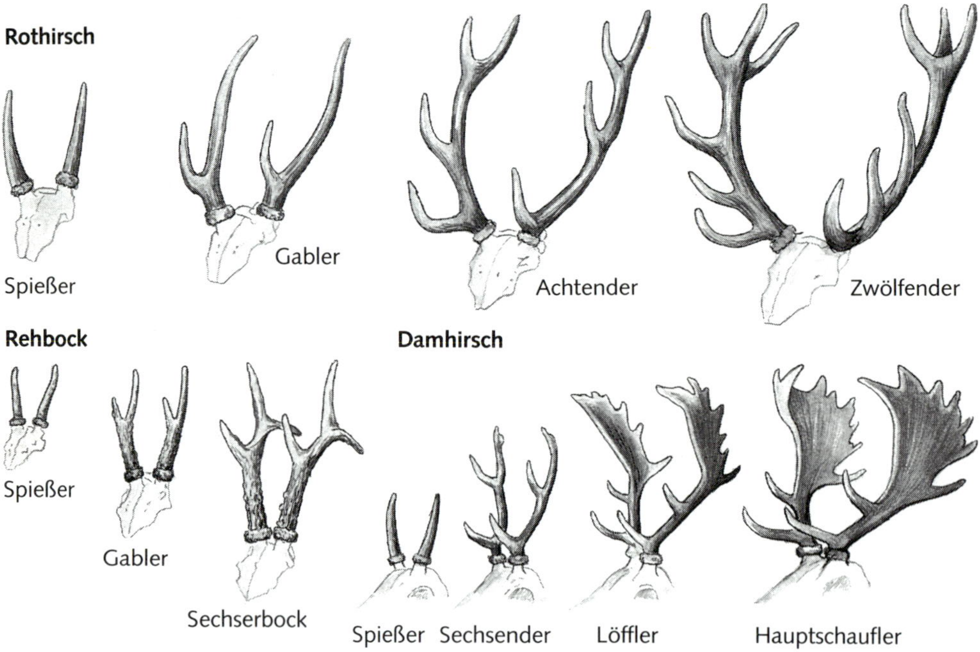

Rothirsch

Spießer

Gabler

Achtender

Zwölfender

Rehbock

Spießer

Gabler

Sechserbock

Damhirsch

Spießer Sechsender Löffler Hauptschaufler

Dachs Auch der Dachs *(Meles meles)* gehört zu den marderartigen Raubtieren. Tagsüber halten sich die rund 70 cm langen Tiere in Erdbauen verborgen. Neben ihrer Größe ist der schwarzweiß gestreifte Kopf ein sicheres Kennzeichen. Dachse werfen einmal im Jahr 3 bis 5 Junge.

Fuchs Der Rotfuchs *(Vulpes vulpes)* ist ebenfalls ein Raubtier, aber eines aus der Familie der Hundeartigen. Seine Länge beträgt bis zu 80 cm, hinzu kommen etwa 50 cm für den buschigen Schwanz. Wie der Dachs, lebt auch der Fuchs in Erdbauten. Das Weibchen wirft 3 bis 5 Junge, die mit 3 bis 4 Wochen selbständig und mit 9 Monaten geschlechtsreif werden.

Rothirsch Der Rothirsch *(Cervus elaphus)* braucht große, zusammenhängende Wälder und ist heute fast ausschließlich in der Dämmerung und nachts aktiv. Tagsüber hält er sich in Dickungen verborgen. Die meiste Zeit des Jahres leben die Geschlechter voneinander getrennt. Erst in der Brunftzeit, die in der zweiten September- und ersten Oktoberhälfte liegt, kommen die Brunftrudel zusammen. Die weiblichen Tiere setzen im Mai/Juni je 1 Kitz. Das Geweih werfen die Hirsche jedes Jahr ab, im folgenden Jahr bildet sich ein neues.

Das Wildschwein *(Sus scrofa)* ist in Laub- und Mischwäldern heimisch. Hier durchwühlt es den Boden nach Nahrung. Gerne nimmt das Schwarzwild in immer wieder aufgesuchten Suhlen Schlammbäder. Anschließend reiben sich die Tiere an besonderen „Malbäumen". So versuchen sie lästige Plagegeister loszuwerden.

Wildschwein Starke männliche Wildschweine *(Sus scrofa)* – Keiler genannt – werden bis zu 1,80 m lang und 350 kg schwer. Für sie sind die kräftigen Eckzähne oder Hauer typisch. Wildschweine leben fast immer in Trupps, Rotten genannt. Alte Keiler sind allerdings meist Einzelgänger. Wildschweine suhlen sich gerne im Schlamm, um lästige Plagegeister auf der Haut loszuwerden. Nach einer Tragzeit von rund 4 Monaten setzen die weiblichen Tiere, die Bachen, 4 bis 12 längsgestreifte Frischlinge.

Auf Spurensuche

Ein ausgesprochenes reizvolles Thema eines Waldspaziergangs ist die Suche nach Spuren der Aktivitäten von Tieren. Nicht nur Säugetiere und Vögel hinterlassen charakteristische Zeichen ihrer Anwesenheit und ihrer Tätigkeit, auch auf Kleintiere wird man bisweilen erst mittelbar aufmerksam. Wenn man Tierspuren gefunden hat, sollte man sich vielleicht gleich an Ort und Stelle eine Zeichnung machen. Zu Hause kann man dann in Ruhe nachsehen, wer da aktiv gewesen ist.

Fährten
Jedes größere Tier hinterläßt auf einem entsprechend beschaffenen Untergrund Spuren seiner Fortbewegung. Es kann ein einzelner Fußabdruck sein, aber auch eine ganze Fährte. Größe und Form geben erste Anhaltspunkte für die Bestimmung. Man kann an der hinterlassenen Spur aber auch ablesen, ob beispielsweise das Reh langsam durch den Bestand gezogen oder schnell geflüchtet ist.

Fußspuren sind ähnlich gute Bestimmungsmerkmale wie etwa die Farbe des Fells eines Säugetiers oder des Gefieders eines Vogels. Bei einiger Übung erkennt man leicht, von welchem Tier der Abdruck im Boden stammt.

Eichhörnchen　Fuchs　Dachs　Wildkatze　Wildschwein　Rothirsch　Auerhuhn

Ein bißchen kriminalistische Kombinationsgabe gehört schon dazu, die vielfältigen Spuren von Tieren bestimmten Arten zuzuordnen. Diese „Spechtschmiede" benutzte ein Buntspecht *(Dendrocopos major)* zum Aufhacken von Fichtenzapfen.

Fichtenzapfen, bearbeitet von Fichtenkreuzschnabel (links) und Buntspecht (rechts).

Fraßspuren

Bei der Nahrungssuche fallen ganz unterschiedliche Spuren an. Fichtenzapfen etwa können vom Kreuzschnabel bearbeitet sein, dann sind die Schuppen noch vorhanden, aber der Länge nach aufgebissen, und nur die Samen sind entfernt. Das Eichhörnchen dagegen nagt die Schuppen einzeln ab, frißt dann die Samen, und vom Zapfen bleibt nur die Spindel mit ein paar Schuppen an der Spitze übrig. Steckt der bearbeitete Zapfen dagegen in einem Astloch, haben wir eine „Spechtschmiede" vor uns. Hier war der Buntspecht mit seinem Meißelschnabel am Werk; entsprechend zerhackt sehen die Zapfen aus.

Mäuse nagen kleine Löcher in Haselnüsse, um an die Samen zu gelangen. Der Schwarzspecht zerhackt auf der Suche nach Insekten und anderen Kleintieren morsche Baumstubben, während das Rotwild die Rinde von Bäumen abschält. Greifvögel benutzen zum Kröpfen gefiederter Beute regelmäßig Rupfplätze und hinterlassen dort eine Unmenge von Federn. Unter der Rinde abgestorbener Bäume sieht man oft das Fraßbild der Borkenkäfer. Fast fingerdicke Löcher frißt die Larve des Eichenbocks in die Bäume.

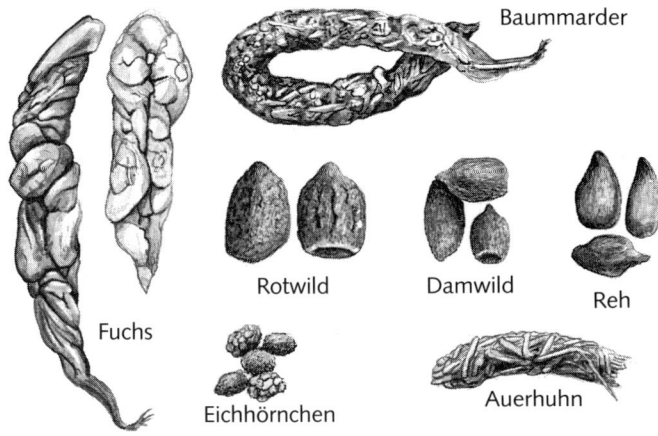

Baummarder

Auch was Tiere „hinterlassen", hat eine Beschaffenheit, die zur Artbestimmung herangezogen werden kann.

Fuchs

Rotwild

Damwild

Reh

Eichhörnchen

Auerhuhn

Losungen und Gewölle

Aufgenommene Nahrung wird im Körper umgesetzt und später ausgeschieden. Der Kot vieler Tiere hat eine typische Größe und Form. Die Losung der größeren Säugetiere wird man meist eindeutig zuordnen könne, bei Kleintieren und Vögeln ist das schon schwieriger, wenn nicht gar unmöglich. Haare, Federn und andere Hornteile können von den Greifvögeln nicht verdaut werden. Man findet sie deshalb in Form ausgewürgter Speiballen oder Gewölle. Bei den Eulen enthalten die Gewölle dagegen auch Knochen. Eine erste Diagnose ist also möglich. Den „Würger" eindeutig zu erkennen, ist anhand von Größe und Form der Gewölle möglich.

Nester und Baue

Erfahrene Vogelkundler brauchen sich ein Vogelnest nur einmal anzusehen und können anhand der Bauweise sagen, wer da am Werke war. Die Nester stehen in Relation zur Größe der Vögel, die sie errichten. Es können flache Plattformen aus Ästen und Zweigen in einer Baumkrone, napfförmige Nester aus feinem Pflanzenmaterial in einem Busch oder Kugeln aus Moos zwischen Wurzelwerk sein. Hinweise erhält man also nicht nur durch Form und Größe, sondern auch durch die Anlage des Nestes.

Die Baue der Säugetiere müssen der Größe der Bewohner ebenfalls entsprechen. Hier finden sich manchmal Indizien auf den Bewohner in Form von Fußspuren oder Nahrungsresten am Eingang des Baues. Allgemein gilt: Man kann Nester und Baue zwar meist einer Tierart zuordnen, aus Gründen des Naturschutzes sollte man aber Abstand halten.

Wer sich mit den Nestern der Vögel näher beschäftigen möchte, sollte vor allem daran denken, daß die meisten Vögel am Brutplatz sehr sensibel sind. Störungen in der Brutzeit sind deshalb unbedingt zu vermeiden.

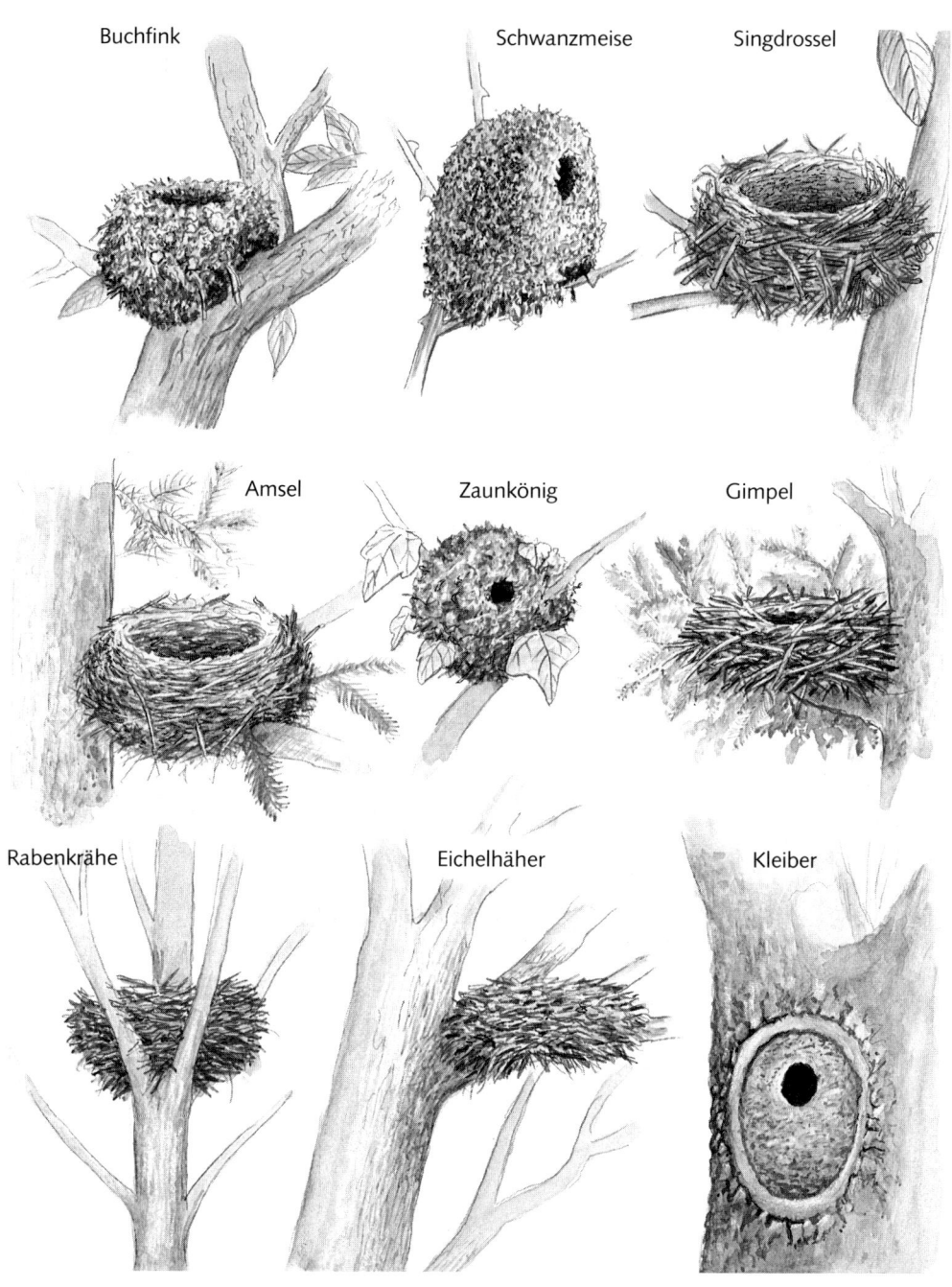

Buchfink

Schwanzmeise

Singdrossel

Amsel

Zaunkönig

Gimpel

Rabenkrähe

Eichelhäher

Kleiber

Auf Spurensuche

Nutzung, Bedrohung und Schutz unserer Wälder

Nutzung, Bedrohung und Schutz unserer Wälder

Die Vielfalt der Funktionen des Waldes

Der Wald hat viele unterschiedliche Funktionen zu erfüllen. Zum einen liefern unsere Wälder bzw. Forste Holz. Mindestens ebenso wichtig ist ihr Einfluß auf Boden, Wasserhaushalt und Luftqualität. Die Bedeutung des Waldes ist also hoch anzusetzen, wobei diese sich im Lauf der Jahrhunderte verschoben hat und auch in Zukunft ändern wird.

Nutzung des Holzes

Holz wird in großen Mengen gebraucht und in vielfältiger Weise verwendet. Fichtenholz etwa wird zur Papierherstellung genutzt, es findet aber auch als Bauholz Verwendung. Viele Fichten werden angepflanzt, um im Winter als Weihnachtsbäume geschlagen zu werden. Buchen liefern hartes, gut zu bearbeitendes Holz für die Möbelindustrie und zur Herstellung von allen möglichen Kleinteilen. Aus Eichen gewinnt man wertvolles Furnier- und Bauholz.

Holz wird aber auch zu Holzkohle verarbeitet und nach wie vor direkt als Brennmaterial benötigt, wenn auch heute in wesentlich geringerem Maß als früher. Auch die Gewinnung von Gerberlohe spielt gegenüber früheren Zeiten heute keine große Rolle mehr.

Der Holzeinschlag in der Bundesrepublik	
Laubholz	7,60 Mio. m^3
davon Eiche, Roteiche	1,29 Mio. m^3
davon Buche und sonstiges Laubholz	6,31 Mio. m^3
Nadelholz	21,55 Mio. m^3
davon Fichte, Tanne, Douglasie	16,63 Mio. m^3
davon Kiefer, Lärche, Strobe	4,92 Mio. m^3
insgesamt	29,15 Mio. m^3

(Angaben in m^3 ohne Rinde, Stand 1984)

Die Holzwirtschaft ist der dominierende Faktor in der Nutzung unserer Wälder und Forsten.

Weitere Nutzung der Pflanzen- und Tierwelt

Neben den Bäumen werden auch andere Waldpflanzen vom Menschen genutzt, z. B. Pilze, Beerensträucher, Gift- und Heilpflanzen. Diese Nutzung spielt aber eine vergleichsweise geringe Rolle. Früher war sie wesentlich, heute ist die Nutzung des Waldes als Weide für das Vieh vergessen. Anders ist es mit der Nutzung der Tierwelt. Die Jagdstrecken sind beachtlich, und das erlegte Wild macht einen erheblichen Wert aus. Die Hege der Wildbestände hat aber auch Probleme gebracht. Zu hohe Wildbestände beispielsweise führen zu Verbiß- und Schälschäden an den Bäumen.

Beeinflussung des Klimas

Wälder haben vor allem eine wichtige Funktion bei der Bildung unseres Klimas. Die Pflanzen, besonders die Waldbäume, produzieren im Prozeß der Fotosynthese große Mengen von Sauerstoff, der der Atmosphäre zugeführt wird. Man geht davon aus, daß die großen Urwaldgebiete in Südamerika (die Urwälder im Amazonasbecken vor allem) und in Afrika (besonders die Urwälder im Kongobecken) maßgeblich auf den Sauerstoffhaushalt der gesamten Erde einwirken. Über die Blätter der Bäume wird auch Wasser in riesigen Mengen verdunstet, das als Wasserdampf in die Atmosphäre gelangt.

Schließlich lagert sich auf den Blättern eine Unmenge Staub ab, der dann bei Regenfällen abgewaschen und dem Boden zugeführt wird. Der Staub wird also der Luft entzogen. Zahlen besagen, daß Luft über Industriestädten etwa 500 000 Rußteilchen pro Kubikmeter enthält, Luft über Wäldern dagegen nur 500. Bei der heutigen Luftverschmutzung ist dies besonders bemerkenswert. Im Boden wiederum wird das Regenwasser gefiltert, es steht dann in gereinigter Form zur Verfügung.

Stabilisierende Funktionen

Im Zusammenhang mit der Beeinflussung des Klimas durch die dichte Vegetation eines Waldes sei noch auf das Wasserhaltevermögen hingewiesen. In den letzten Jahren mehren sich die Anzeichen, daß die auf Grund der Luftverschmutzung geschwächten Baumbestände das Wasser im Boden nicht mehr in dem Maße halten können wie gesunde Bestände. Die Folge sind Erdrutsche, die in den Alpen schon zu katastrophalen Verwüstungen geführt haben. Im Gebirge stabilisiert der Wald die Schneemassen und verhindert Lawi-

Das Auto auf dem Waldpark-
platz abgestellt und dann ein
Spaziergang in der gesunden
Waldluft – die Nutzung des
Waldes zur Freizeitgestaltung
wird zunehmend wichtiger.

nen. Diese Funktion können erkrankte Baumbestände ebenfalls nur noch bedingt erfüllen.
Als Ökosystem betrachtet, bietet der Wald vielen Organismen Lebensraum. Wälder sind also Flächen, die eine wichtige
arterhaltende Funktion haben.

Erholungsgebiet
Schließlich spielt heute der Freizeitwert des Waldes eine her-
ausragende Rolle. Der Wald wird als Erholungsgebiet von
Millionen von Menschen genutzt, wobei Ruhe und gute Luft
wohl die Faktoren sind, die einen Waldspaziergang reizvoll
machen. Der Freizeitwert des Waldes gewinnt steigende
Bedeutung, wenn man ihn auch nicht so leicht in Geld
umrechnen kann, wie etwa die Holzmenge, die man einem
Wald entnimmt. Ansätze in dieser Richtung werden aber
gemacht.

Wald und Forstwirtschaft

Die Produktion von Holz ist die wesentliche Funktion unserer
Wälder, die Forstwirtschaft ist ein wichtiger Wirtschaftszweig.
Das Vokabular der Forstleute spiegelt die Waldgeschichte
wider, und man kann daran die ökologischen Probleme der
Waldbewirtschaftung deutlich machen.

Formen der Bewirtschaftung
Nur wenige Meter hohe, hauptsächlich aus Hainbuche und
Esche zusammengesetzte Wälder nennt man Niederwälder.
Die Bäume werden in regelmäßigen Abständen „auf den
Stock gesetzt", d. h. die Äste werden am Ansatz abgesägt. An

den verbliebenen Resten der Stämme bilden sich Stockaus-schläge, die man in etwa 8jährigem Rhythmus schlägt. Blei-ben in einem solchen Wald einzelne hohe Bäume als soge-nannte Überhälter stehen und beträgt der Rhythmus 1 bis 3 Jahrzehnte, spricht man von einem Mittelwald. Beide For-men der Waldbewirtschaftung spielen heute keine große Rolle mehr.

Vielmehr dominiert bei uns der Hochwald. Aus Keimlingen oder Jungpflanzen wachsen die Bäume im Laufe mehrerer Jahrzehnte heran. Wenn die Stämme jetzt großflächig einge-schlagen werden, spricht man von Kahlschlag. Beim Plenter- und beim Femelschlag werden einzelne hiebreife Bäume oder Baumgruppen herausgeschlagen. Wendet man diese Art des Holzeinschlags an, dann kann man den Wald als Dauerwald bezeichnen. Es werden stets einige Bäume gefällt, aber die Flächen bleiben durchgehend von einem Baumbe-stand unterschiedlicher Altersklassen bedeckt. Um die jun-gen Bäume gegen Verbiß durch Wild zu schützen, sind Scho-nungen eingezäunt, manchmal tragen aber auch nur ein-zelne Bäume einen Mantel aus Draht. Sind die Bäume her-angewachsen, kann der Drahtschutz entfallen.

Junge Bäume müssen in man-chen Gebieten gegen Wildverbiß geschützt werden. Nur unter einem Mantel aus Draht können sie ungestört heranwachsen.

Nutzung, Bedrohung und Schutz unserer Wälder

Eine elegante und umwelt-schonende Methode wird bei der Bekämpfung von Borken-käfern angewandt. Ein syntheti-scher Sexuallockstoff zieht die Schädlinge in die Fallen. Die Käfer gelangen in einen Fang-kasten, aus dem sie dann entnommen werden können. Auf den Einsatz auch andere Insektenarten gefährdender Insektizide kann so verzichtet werden.

Schädlinge bekämpfen

Ein wichtiger Aspekt der Arbeit des Forstmanns ist die Bekämpfung von Schädlingen. Unter den Insekten sind viele, die bei Massenvermehrung Millionenschäden anrichten können, und die Forstleute sind immer wieder gezwungen, massiv einzugreifen. Oft haben sie keine andere Wahl, als die Bestände der Schädlinge mit Insektiziden zu vernichten.

Gegen Schadinsekten kann man aber auch mit anderen Methoden vorgehen. Gegen Borkenkäfer werden heute viel-fach Fallen eingesetzt, die mit Sexuallockstoffen arbeiten. Die Tiere werden durch den Duft angelockt und fangen sich.

Ein wichtiger Verbündeter im Kampf gegen Forstschädlinge ist die Rote Waldameise *(Formica rufa)*. Da die Tiere verschie-dene Schadinsekten jagen, siedeln die Förster sie an, wo sie fehlen. Um gedankenlose Menschen daran zu hindern, mit einem Ast in den Haufen herumzustochern, und Tiere fern-zuhalten, die Ameisen fressen, werden die kuppelförmigen Bauten mit Drahtnetzen geschützt.

Auch Schlupfwespen spielen bei der Aufrechterhaltung des biologischen Gleichgewichts im Wald eine große Rolle. Die erwachsenen Tiere leben zwar von Pollen und Nektar, ihre Larven entwickeln sich aber vornehmlich in den Larven anderer Insekten, bevorzugt in Schmetterlingsraupen. Die Weibchen stechen die Raupen an und legen im Inneren ein Ei oder mehrere ab. Die Larven fressen die Raupe dann von innen auf. Wenn man also Schlupfwespen in ausreichender Zahl züchten könnte, hätte man eine weitere sinnvolle Methode biologischer Schädlingsbekämpfung in der Hand. Versuche in dieser Richtung werden gemacht.

Unter den biologischen Methoden ist auch die Ansiedlung von Vögeln zu nennen. Besonders die Meisen stellen Schad-insekten nach. Man findet deshalb häufig künstliche Nisthöhlen in den Wäldern aufgehängt. Manche dieser Höh-len sind speziell für Fledermäuse konstruiert. Auch diese Tiere tragen zur Bekämpfung von Schadinsekten bei.

Monokultur und ökologischer Waldbau

Die beste Methode ist natürlich, den Wald abwechslungs-reich zu gestalten. Die verbreitete Form der Forstbewirtschaf-tung, Fichten in Monokultur anzupflanzen, mag zwar wirt-schaftlich sinnvoll sein, ist aber ökologisch bedenklich. Fich-tenforste sind wenig stabil und heute auf Grund der Umwelt-verschmutzung noch stärker gefährdet als ohnehin schon. Mittlerweile scheint denn auch bei Forstwissenschaftlern und Förstern ein Prozeß des Umdenkens begonnen zu haben, der in die Richtung eines ökologischen Waldbaus geht. Dabei mögen mittlerweile auch ökonomische Gesichtspunkte eine Rolle spielen.

Noch vor gar nicht langer Zeit waren die Zeitungen voll von Schlagzeilen wie „Unser Wald stirbt", „Luftverschmutzung tötet Wälder" oder „Das Auto – der Waldkiller". Mittlerweile ist das Rauschen im Blätterwald der Presse zu einem Säuseln geworden. Auch die anderen Medien widmen sich dem Thema nur noch sporadisch. Dabei ist das Problem der geschädigten oder absterbenden Baumbestände keineswegs gelöst.

Sterbende Wälder
Großflächige Waldschäden werden bei uns seit Ende der siebziger Jahre, verstärkt seit 1981, beobachtet. Zunächst wurden Schäden an der Tanne festgehalten, dann an weiteren Nadelbäumen und schließlich auch an Laubbäumen. Im Herbst 1983 wurde unter Federführung des Bundesministers für Ernährung, Landwirtschaft und Forsten erstmals eine Waldschadenserhebung durchgeführt, die seither jährlich wiederholt wird. Man geht bei diesen Erhebungen so vor, daß Stichproben der einzelnen Baumarten auf Vergilbung und Verlust von Nadeln bzw. Blättern hin untersucht und folgenden Schadstufen zugeordnet werden:

Schadstufe 0: ohne Schadmerkmale
Schadstufe 1: schwach geschädigt
Schadstufe 2: mittelstark geschädigt
Schadstufe 3: stark geschädigt
Schadstufe 4: abgestorben

Aus den Stichproben wird dann auf größere Flächen umgerechnet. Das Ergebnis der Erhebung von 1987 war, daß 3,8 Mio. Hektar Wald Schäden aufwiesen. Das entsprach immerhin 52 % der gesamten Waldfläche. Allerdings waren knapp $^2/_3$ dieser Fläche der Schadstufe 1 (schwach geschädigt) zuzuordnen. Betrachtet nach Baumarten, lagen die Schäden (Schadstufen 1 bis 4) bei 49 % der mit Fichten bestandenen Flächen (entspricht 1,4 Mio. Hektar mit Schäden), bei 79 % der mit Tannen bestandenen und bei 50 % der mit Kiefern bestandenen. Buchen und Eichen wiesen mit 66 bzw. 65 % ähnliche Schäden auf.

Die Bedrohung unserer Wälder

Geschädigte oder sterbende Bäume sind ein Zeichen für die übermäßige Belastung der Luft mit Schadstoffen. Aber es stirbt nicht nur der Wald, auch wir Menschen selbst sind betroffen. Vor allem mehren sich Erkrankungen der Atemwege. Das Thema „Waldsterben" darf daher nicht aus dem Bewußtsein der Bevölkerung verschwinden. Entsprechende Mahnungen sind daher sehr verständlich.

Ursache der Schäden

Die Frage nach den Ursachen der Waldschäden ist noch nicht endgültig beantwortet. Es steht aber fest, daß die Belastung der Umwelt mit allen möglichen Schadstoffen ein wesentlicher Faktor ist, vor allem die Belastung der Luft mit Stickstoff- und Schwefeloxiden. Die Bäume werden durch die Luftverunreinigung insgesamt geschwächt und dann anfällig gegen andere schädigende Einflüsse wie etwa den Befall durch Borkenkäfer und Pilze.

Letztlich liegt dem Sterben unserer Wälder ein kompliziertes Ursachenmuster zugrunde. Da Ökologie immer mit der Schwierigkeit zu tun hat, eine Vielzahl von Faktoren berücksichtigen zu müssen, mag mancher auf endgültige Untersuchungsergebnisse warten wollen, bevor er Abhilfe fordert. Dies ist aber der falsche Weg. Vielmehr muß an den Punkten angesetzt werden, die sicher eine Rolle spielen. Konkret gesagt: Die Luftverschmutzung mit all ihren Quellen muß reduziert werden.

Die Roten Listen werden länger

Lange Zeit hat man kaum bemerkt, daß hier ein Vogel nicht mehr sang, dort eine Pflanze nicht mehr blühte, daß die gesamte Tier- und Pflanzenwelt verarmte. Noch 1962, als die amerikanische Biologin RACHEL CARSON ihr aufrüttelndes Buch „Der stumme Frühling" auf den Markt brachte, gab es heftige Kontroversen. In diesem Buch steht der Frühling ohne die Rufe und Gesänge unserer Vögel für die immer stärker um sich greifende Vergiftung der Landschaft, und die wollte man damals nicht recht wahrhaben. Heute wissen wir viel mehr über die Belastung unserer Umwelt mit Schadstoffen, die Zerstörung von Lebensräumen und die daraus erwachsenden ökologischen Schäden. Eine ganz wesentliche und bedenkliche Konsequenz unseres Umgangs mit der Natur ist das Verschwinden von Arten.

Was die Biologen über den Gefährdungsgrad von Tieren und Pflanzen in unserem Land heute wissen, ist in der „Roten Liste der gefährdeten Tiere und Pflanzen in der Bundesrepublik Deutschland" niedergelegt. Kennzeichen der „Roten Liste" ist die Zuordnung der Arten zu Gefährdungskategorien. Diese besagen etwa, ob ein Vorkommen seit langem nicht mehr nachgewiesen wurde, ob eine Art in ihrem gesamten Verbreitungsgebiet oder nur stellenweise zurückgegangen ist usw. Die Übersicht auf der folgenden Seite zeigt, wie die im Wald vorkommenden Wirbeltiere einzuordnen sind.

Rote Liste
Zusammenstellung der Pflanzen- und Tierarten, die in ihrem Bestand bedroht oder schon ausgestorben sind. Kennzeichnend ist eine Auflistung der Lebewesen nach Gefährdungskategorien.

Nutzung, Bedrohung und Schutz unserer Wälder

Seit langem steht der Luchs *(Felis lynx)* bei uns als „vom Aussterben bedroht" auf der Roten Liste. Heute versucht man, die verbliebenen Bestände zu sichern und das schöne Tier in geeigneten Waldgebieten wiederanzusiedeln.

Kategorie 0: Ausgestorben oder verschollen
Elch, Wisent, Auerochse, Wolf, Braunbär – Schreiadler, Blauracke, Habichtskauz

Kategorie 1: Vom Aussterben bedroht
Mopsfledermaus, Luchs, Große Hufeisennase, Kleine Hufeisennase – Steinadler, Schwarzstorch, Auerhuhn – Äskulapnatter

Kategorie 2: Stark gefährdet
Nordfledermaus, Breitflügelfledermaus, Wildkatze, Kleine Bartfledermaus, Fransenfledermaus, Kleinabendsegler, Rauhhautfledermaus, Braunes Langohr – Uhu, Ziegenmelker, Hohltaube, Weißrückenspecht, Mittelspecht, Neuntöter, Heidelerche, Haselhuhn – Kreuzotter

Kategorie 3: Gefährdet
Dachs, Bechsteinfledermaus, Wasserfledermaus, Abendsegler, Zwergfledermaus, Iltis, Birkenmaus – Kolkrabe, Baumfalke, Sperlingskauz, Wendehals, Wespenbussard, Dreizehenspecht, Waldschnepfe – Schlingnatter, Ringelnatter

Kategorie 4: Potentiell gefährdet
Baumschläfer – Habicht, Sperber, Rauhfußkauz, Zitronengirlitz

Insgesamt zeigt die „Rote Liste" (ein Buch von 272 Seiten!) klar die Gefährdung vieler Tier- und Pflanzenarten auf. Als wesentliche Ursache der Artenverarmung machen die Verfasser der Roten Liste die Veränderung oder Zerstörung von Lebensräumen verantwortlich. Im einzelnen führen sie etwa auf: Trockenlegen von Feuchtgebieten, Kanalisierung von Bächen und Flüssen, intensive Nutzung von Wiesen und Weiden, Umwandlung von Brachland in Ackerland, Gifteinsatz. Die im Wald vorkommenden Arten sind von all dem noch vergleichsweise wenig betroffen. Dies ist aber kein Grund, sich nicht konsequent für den Schutz der Wälder einzusetzen.

Naturschutz tut not

Will man der Verarmung unserer Tier- und Pflanzenwelt wirksam Einhalt gebieten, so sind entsprechende Gesetze notwendig (s. Auszug aus dem Bundesnaturschutzgesetz). Ein Gesetz kann aber immer nur den Rahmen schaffen, aus dem konkrete Strategien folgen müssen. So wurden und werden Landschaftsschutzgebiete, Naturschutzgebiete und Nationalparks eingerichtet, um die Reste ursprünglicher Natur für folgende Generationen zu bewahren. Die Schutzgebiete müssen aber Ökosysteme schützen, also genügend große Flächen umfassen, und das ist im dicht besiedelten Mitteleuropa oft schwierig. Kleine Naturschutzgebiete von einer Größe im Hektarbereich können aber der Verarmung unserer Pflanzen- und Tierwelt auf Dauer nicht entgegenwirken.

Dennoch sind auch kleine Gebiete ökologisch bedeutsam. In jeder heute wieder neu angelegten Hecke beispielsweise können Goldammer, Dorngrasmücke und Neuntöter Brutplätze finden. In einer rekultivierten Kiesgrube finden Uferschwalbe, Teichhuhn und viele Amphibien zusagenden Lebensraum. Es gibt also durchaus kleine Gebiete, die in naturnahem Zustand erhalten oder wieder in diesen versetzt werden können. Insgesamt könnte an die Stelle einer unter wirtschaftlichen Gesichtspunkten gestalteten (und ausgebeuteten) Landschaft ein Mosaik von Lebensräumen treten, das vielfältig und damit ökologisch stabil ist.

Hier müßten vor allem die Gemeinden tätig werden. Tatsächlich wird die Initiative aber oft den Natur- und Umweltschutzverbänden oder gar engagierten Privatpersonen überlassen. Angesichts der Geldmengen, die bei uns ausgegeben werden, ist es oft beschämend, daß wesentliche Probleme, die unsere Lebensweise mit sich bringt, von freiwilligen, unbezahlten Helfern angepackt werden. Andererseits kann man nicht immer warten, bis sich die Verwaltung in Bewegung setzt. Man muß als einzelner selbst aktiv werden, vielleicht in einer der Organisationen mitarbeiten, die sich im Natur- und Umweltschutz engagieren (s. Adressen Seite 123).

Was konkret den Schutz des Waldes anlangt, so sind folgende Schritte wünschenswert: Die Gesamtfläche unserer Wälder darf nicht weiter zugunsten von Straßen, Industrieanlagen und Wohnungsbaugebieten reduziert werden. Die Erkrankung bzw. das Absterben weiterer Teile unserer Wälder muß verhindert werden. Das bedeutet, die Reinhaltung der Luft muß vorrangiges Ziel der Umweltpolitik bleiben. Von Seiten der Forstwirtschaft muß zu mehr ökologischen Methoden des Waldbaues übergegangen werden.

Die Politiker müssen also weiterhin gedrängt werden, die vorliegenden Ideen zur Verbesserung der Umweltsituation in die Praxis umzusetzen. Aber wenn Mensch **und** Natur eine Zukunft haben sollen, dann muß auch jeder einzelne aktiv werden und in seinem Rahmen Beiträge leisten. Die Umweltprobleme haben wir nun einmal selbst verursacht, also liegt es auch an uns, sie zu lösen.

Wem draußen ein solches Schild begegnet, der sollte sich der Natur gegenüber besonders rücksichtsvoll verhalten. Landschafts- und Naturschutzgebiete sind Oasen für seltene Pflanzen- und Tierarten in unserer überwiegend unter wirtschaftlichen Gesichtspunkten gestalteten und genutzten Kulturlandschaft.

1. Gesetz über Naturschutz und Landschaftspflege (Bundesnaturschutzgesetz – BNatSchG)
In der Fassung vom 12. März 1987

§ 1. Ziele des Naturschutzes und der Landschaftspflege. (1) Natur und Landschaft sind im besiedelten und unbesiedelten Bereich so zu schützen, zu pflegen und zu entwickeln, daß
1. die Leistungsfähigkeit des Naturhaushalts,
2. die Nutzungsfähigkeit der Naturgüter,
3. die Pflanzen- und Tierwelt sowie
4. die Vielfalt, Eigenart und Schönheit von Natur und Landschaft als Lebensgrundlagen des Menschen und als Voraussetzung für seine Erholung in Natur und Landschaft nachhaltig gesichert sind.

§ 12. Allgemeine Vorschriften. (1) Teile von Natur und Landschaft können zum
1. Naturschutzgebiet, Nationalpark, Landschaftsschutzgebiet, Naturpark oder
2. Naturdenkmal oder geschützten Landschaftsbestandteil erklärt werden.

(2) Die Erklärung bestimmt den Schutzgegenstand, den Schutzzweck, die zur Erreichung des Zwecks notwendigen Gebote und Verbote und, soweit erforderlich, die Pflege- und Entwicklungsmaßnahmen oder die Ermächtigungen hierzu.

§ 20. Aufgaben des Artenschutzes. (1) Die Vorschriften dieses Abschnittes dienen dem Schutz und der Pflege der wildlebenden Tier- und Pflanzenarten in ihrer natürlichen und historisch gewachsenen Vielfalt (Artenschutz). Der Artenschutz umfaßt
1. den Schutz der Tiere und Pflanzen und ihrer Lebensgemeinschaften vor Beeinträchtigungen durch den Menschen, insbesondere durch den menschlichen Zugriff,
2. den Schutz, die Pflege, die Entwicklung und die Wiederherstellung der Biotope wildlebender Tier- und Pflanzenarten sowie die Gewährleistung ihrer sonstigen Lebensbedingungen,
3. die Ansiedlung von Tieren und Pflanzen verdrängter wildlebender Arten in geeigneten Biotopen innerhalb natürlichen Verbreitungsgebietes.

§ 20 d. Allgemeiner Schutz wildlebender Tiere und Pflanzen.
(1) Es ist verboten,
1. wildlebende Tiere mutwillig zu beunruhigen oder ohne vernünftigen Grund zu fangen, zu verletzen oder zu töten,
2. ohne vernünftigen Grund wildlebende Pflanzen von ihrem Standort zu entnehmen oder zu nutzen oder ihre Bestände niederzuschlagen oder auf sonstige Weise zu verwüsten,
3. ohne vernünftigen Grund Lebensstätten wildlebender Tier- und Pflanzenarten zu beeinträchtigen oder zu zerstören.

§ 20 e. Besonders geschützte Tier- und Pflanzenarten.
(1) Der Bundesminister für Umwelt, Naturschutz und Reaktorsicherheit wird ermächtigt, durch Rechtsverordnung mit Zustimmung des Bundesrates bestimmte wildlebende Tier- und Pflanzenarten oder Populationen solcher Arten unter besonderen Schutz zu stellen, soweit dies
1. wegen der Gefährdung des Bestandes heimischer Arten durch den menschlichen Zugriff im Geltungsbereich dieses Gesetzes oder wegen der Verwechslungsgefahr mit solchen gefährdeten Arten oder
2. wegen der Gefährdung des Bestandes nichtheimischer Arten oder Populationen durch den internationalen Handel oder wegen der Verwechslungsgefahr mit solchen gefährdeten Arten erforderlich ist (besonders geschützte Arten).

Naturschutz tut not

Den Wald erleben

Im anglo-amerikanischen Raum hat die Beschäftigung mit der Natur eine lange Tradition, und beispielsweise das „bird watching" – das Beobachten von Vögeln – ist für viele Menschen ein mit Liebe und Engagement gepflegtes Hobby. Inzwischen ist etwa der Waldspaziergang, bei dem man hier eine Pflanze näher untersucht oder dort einen Vogel mit dem Fernglas beobachtet, auch bei uns salonfähig geworden. Naturbeobachtung ist für viele Menschen wohl deswegen eine so schöne und befriedigende Sache, weil man ihr draußen in der Natur nachgehen kann – eine wesentliche Abwechslung im Alltagsleben, das oft genug zwischen Wohnung und Büro stattfindet. Diese Lebensweise führt aber auch dazu, daß viele gar nicht mehr wissen, wie man dem Hobby Naturbeobachtung nachgehen kann.

Natur beobachten

Ein paar Voraussetzungen

Liebe zur Natur ist sicher die wichtigste Voraussetzung, um Natur zu beobachten. Ein gewisses Maß an Zurückhaltung und Geduld und nicht zuletzt ein wenig „Geländegängigkeit" sind aber weitere Eigenschaften, die man mitbringen sollte. Denn die Naturbeobachtung ist ja meist nicht vom warmen Wohnzimmer aus möglich. Die Vögel, die im eigenen Garten leben oder ans Futterhaus kommen, lernt man so kennen, die Waldvögel aber nicht. Da muß man schon hinaus aus den eigenen vier Wänden. Wenn man aber draußen unterwegs ist, sollte man sich der Natur auch in sinnvoller Weise anpassen. Dazu gehört etwa, daß man nicht unbedingt mit einer gelben Öljacke durch den Wald marschiert. Gedeckte Kleidung ist schon eher angebracht.

Hilfsmittel

Da der Mensch zwar mit Sinnesorganen ausgestattet ist, diese aber ihre Grenzen haben, braucht er Hilfsmittel, um in bestimmte Bereiche einzudringen.

Lupe Zum Betrachten kleiner Details ist eine Lupe vonnöten, kein großes „Brennglas", sondern eine kleine Einschlaglupe von etwa 10facher Vergrößerung. Es gibt auch Modelle, die 2 Vergrößerungen kombinieren. In jedem Fall sind diese optischen Hilfsmittel so klein, daß man sie bequem in die Tasche stecken kann. Man kann sie auch an einem Band um den Hals tragen, dann ist der „Durchblick" immer griffbereit.

Stereolupe und Mikroskop Wenn man sich noch intensiver den kleinen Dingen des Lebens im Wald widmen will, kann man eine Stereolupe heranziehen. Diese Geräte haben etwa 20- bis 50fache Vergrößerung. Um die kleinen Objekte zu betrachten, ist allerdings eine Lichtquelle nötig; bei komfortablen Stereolupen ist sie in das Stativ eingebaut. Diese Geräte sind etwas für den „Hausgebrauch". Draußen in der freien Natur wird man sie nur ausnahmsweise einsetzen. Das gilt auch für das Lichtmikroskop, das noch höhere Vergrößerungen als die Stereolupe ermöglicht.

Fernglas Für die Beobachtung (weit) entfernter Dinge ist ein Fernglas vonnöten. Bei den häufig kleinen Vogelarten und den recht scheuen Säugetieren, die man im Wald zu Gesicht bekommt, bewährt sich eines mit 8- oder 10facher Vergrößerung. Die Gläser sind heute so klein und leicht gebaut, daß man sie problemlos in der Tasche mitführen kann. Man sollte – das gilt für alle technischen Hilfsmittel – bei der Anschaffung Qualität, Gewicht und Preis im Zusammenhang betrachten, dann findet man leicht das passende Modell.

Notizbuch Hilfreich ist immer, ein Notizbuch mit Bleistift oder Kugelschreiber dabeizuhaben. Man kann sich rasch ein paar Besonderheiten notieren, vielleicht auch eine kleine Zeichnung von beobachteten Details einer Pflanze oder des Gefieders eines Vogels machen, festhalten, wie der Vogel singt oder wie eine Tierspur im feuchten Waldboden aussieht. Man kann sich auch ein regelrechtes Beobachtungstagebuch anlegen und die Notizen dort integrieren.

Verhalten in der Natur

Schließlich sind noch ein paar Spielregeln zu beachten, die sich im wesentlichen auf den Naturschutz beziehen. Man sollte beispielsweise unbedingt vermeiden, Vögel und Wild zu beunruhigen, zumal man dann nicht das normale Verhalten der Tiere beobachten kann. Wer eine geschützte Pflanze abreißt, um sie dann erst genauer zu betrachten, oder wer mit einem Stock in einem Ameisenhaufen herumstochert, um zuzusehen, wie die kleinen Insekten darauf reagieren, der handelt verantwortungslos. Ja, er kann sich auch strafbar machen.

Nach einiger Zeit der Naturbeobachtung mit Lupe und Fernglas mag mancher den Wunsch haben, Gesehenes auch zu fotografieren. Nach anfänglicher Begeisterung für viele verschiedene Motive entwickelt sich im Laufe der Zeit meist eine Vorliebe für diese oder jene Objekte. Der eine widmet sich Aufnahmen von einzelnen Pflanzen, von Blüten, Blättern, Samen, Früchten, aber auch Stimmungsaufnahmen mit Pflanzen und anderem mehr. Der andere bevorzugt die Tierfotografie. Hier stehen Tiergruppen und einzelne Tiere, Stimmungen mit Tieren, vor allem aber die vielfältigen Verhaltensweisen der Tiere im Mittelpunkt. Aber ob Pflanze oder Tier, beide leben in einem Umfeld. Man kann das Landschaft nennen. Der Naturfotograf wird eher sagen, ich möchte diese Pflanzengesellschaft fotografieren oder jenes Tier in seinem typischen Lebensraum abbilden.

Ausrüstung

Entsprechend den bevorzugt fotografierten Objekten ist die Ausrüstung auszulegen. Grundsätzlich gilt heute: Das geeignete Gerät für die Naturfotografie ist die einäugige Spiegelreflexkamera mit auswechselbaren Objektiven und vielseiti-

Naturfotografie ist ein schönes Hobby, kann aber durchaus in Arbeit ausarten – wenn man als Tierfotograf mit einem schweren 400-mm-Teleobjektiv, Schulterstütze und Motorkamera Aufnahmen von fliegenden Vögeln machen möchte.

gem Zubehör. Für die Pflanzenfotografie benötigt man im wesentlichen Objektive kurzer bis mittlerer Brennweiten. Pflanzengesellschaften erfordern bisweilen ein Weitwinkelobjektiv. Die Mehrzahl der Aufnahmen wird man aber mit dem 50-mm-Normalobjektiv machen können; hier ist ein Makroobjektiv günstiger als ein normal gebautes Objektiv, weil man dann gleich nahe an sein Motiv herangehen kann. Auch ein leichtes Teleobjektiv – von etwa 80 bis 105 mm Brennweite – kann man häufig einsetzen. Wenn man beispielsweise recht kleine Blüten abbilden möchte, muß man meist vom Stativ aus mit Blitzlicht arbeiten, und um zu beleuchten, braucht man einen entsprechenden Arbeitsabstand. Hier haben Teleobjektive gegenüber dem Normalobjektiv Vorteile. Da Pflanzenfotografie vielfach Makrofotografie bedeutet, benötigt man Nahzubehör wie Zwischenringe oder Balgengerät.

Anders – im wesentlichen schwieriger – geht es in der Tierfotografie zu. Es steht heute von motorisierten Kameras mit automatischer Belichtung und automatischer Entfernungseinstellung über lichtstarke Objektive bis hin zu Hochgeschwindigkeitsblitzgeräten und elektronischen Fernauslösern fast alles zur Verfügung, was man für seine Arbeit braucht. Das Grundproblem, das sich in der Tierfotografie stellt, löst man aber nicht mit Technik. Tiere bewegen sich nämlich, können also – anders als Pflanzen – flüchten. Bei Kleintieren hält sich dies in Grenzen. Will man aber Vögel oder Säugetiere fotografieren, muß man meist Teleobjektive von 400 bis 800 mm Brennweite einsetzen, und man muß entweder auf das Tier warten oder sich ihm vorsichtig nähern. Der Tierfotograf muß also insgesamt sehr viel mehr Geduld aufbringen als der Pflanzenfotograf. Wenn ihm diese nicht in ausreichendem Maße zur Verfügung steht, sollte er sich anderen Dingen zuwenden.

Verhalten, Technik, Wissen

Was immer der Fotograf nun als Motiv im Kopf hat, sein Verhalten und die richtige Technik müssen zusammenspielen. Dies muß gelernt werden. Darüber hinaus muß er so viel biologisches Wissen wie möglich einbringen, und er sollte immer bereit sein, das Wohlbefinden seiner Motive vor die gelungene Aufnahme zu stellen. Wenn sich hier die Priorität umkehrt, dann sollte jeder Fotograf schleunigst die Notbremse ziehen. Sehr schnell kann er dann auch mit Gesetzen in Konflikt kommen. Ein Blick in das Naturschutzgesetz und andere relevante Vorschriften ist jedem Fotobegeisterten anzuraten. In Schutzgebieten gelten meist verschärfte Regeln; hier informiere man sich besonders sorgfältig.

Eine Pflanze oder einen Vogel zu sehen und dann die Art zu bestimmen, ist zweierlei. Wenn man weiß, worauf bei dieser oder jener Pflanze zu achten ist, oder wenn man die Kennzeichen eines Vogels schon im Kopf hat, ist die Bestimmung relativ leicht. Man wird aber immer wieder unbekannten Tieren oder Pflanzen begegnen. Jetzt ist guter Rat teuer, wenn auch nur im übertragenen Sinn. Denn es gibt heute eine Vielzahl von Bestimmungsbüchern auf dem Markt, und teuer sind die meisten nicht (s. Literatur Seite 124).

Wie bestimmt man Pflanzen und Tiere?

Bestimmungsbücher

2 Gruppen von Büchern sind zu unterscheiden: die reinen Bestimmungsbücher und die Führer, die überwiegend auf Zeichnungen oder Fotos basieren.

Die ersteren beinhalten Bestimmungsschlüssel oder -tabellen, die meist nach dem Muster einer schrittweisen Annäherung an das gesuchte Objekt angelegt sind. Es werden verschiedene Kennzeichen abgefragt, man gibt die Antwort und wird an die nächste Stelle verwiesen. Schließlich gelangt man zum Namen der Art, in anderen Fällen auch nur dem der Familie o.ä. Diese Methode ist sehr zuverlässig, setzt aber Vorkenntnisse und genaues Arbeiten voraus, wenn man nicht statt bei der Stieleiche beim Lungenkraut enden will, um ein Beispiel zu geben.

Also: Für den, der sich einarbeiten will, sind so aufgebaute Bestimmungsbücher nicht sehr hilfreich. Er sollte besser zu einem Buch greifen, das mit Fotos und/oder Zeichnungen arbeitet. Fotos bringen die Situation so, wie sie am Fundort war. Zeichnungen ermöglichen demgegenüber, das Typische darzustellen und wichtige Details hervorzuheben. Aus dem Angebot, das der Buchmarkt bietet, kann sich jeder Naturfreund das herausziehen, was seinen Vorstellungen am besten entspricht. Eines aber ist völlig klar: Das ideale Buch gibt es nicht. Deshalb sieht es in den Bibliotheken von Naturfreunden meist sehr bunt aus; neben Spezialwerken über besonders interessierende Gruppen von Pflanzen oder Tieren stehen Bestimmungsbücher und Fotobände. Letztlich ergänzen sich die einzelnen Werke gegenseitig.

Welches Bestimmungsbuch man nun immer wählt, auf

einem Waldspaziergang sollte man es auch dabeihaben. Daheim im Bücherregal nützt es wenig, wenn gerade ein unbekannter Piepmatz vorbeigeflogen ist, oder wenn man sich vergewissern will, wie man Stiel- und Traubeneiche auseinanderhält. Zu Hause läßt sich mit einem Naturführer allerdings gut ein „Trockentraining" machen. Man blättert das Buch immer wieder einmal durch, liest im Text und prägt sich vor allem die Abbildungen genau ein. Um Pflanzen und Tiere draußen nämlich bestimmen zu können, ist es hilfreich, wenn man schon im voraus weiß, worauf zu achten ist. Man kommt dann rasch zu einer Diagnose, nach einem gewissen Training zu der richtigen.

Eine Bestimmungsübung

Um einmal den Gang einer Bestimmung nachzuvollziehen, hier ein Fragenkatalog zu den Vögeln. Die Fragen zeigen, worauf bereits bei der Beobachtung eines Vogels zu achten ist. Erfahrene Vogelbeobachter haben dieses Raster im Kopf und kommen deshalb so schnell und sicher zur richtigen Bestimmung. Was also einen Anfänger immer wieder verblüfft, beruht in Wirklichkeit auf Erfahrung und langem Training.

1. Welche Größe hat der Vogel? Welche Gestalt hat er, wie ist er gebaut?
2. Welche Farbe hat der Vogel? Fällt in der Zeichnung des Gefieders etwas besonders auf?
3. Welche Form hat der Schnabel? Welche Form hat der Schwanz?
4. Welche Form haben die Flügel? Wie fliegt der Vogel?
5. Wie ruft oder singt der Vogel? Wo ruft oder singt er?
6. Wie verhält sich der Vogel?
7. Wann und wo wurde der Vogel beobachtet?

Weitere Hilfen bei der Bestimmung

In Frage 5 ist ein spezielles Problem der Bestimmung angesprochen. Oft wird man ja erst durch ihre Rufe und Gesänge auf die Vögel (oder andere Tiere wie Frösche und Heuschrekken) aufmerksam. Die akustischen Äußerungen kann man aber ebenso wie die morphologischen Merkmale zur Bestimmung nutzen.
Um sich in das Gebiet der Tierstimmen einzuarbeiten, kann man Bücher heranziehen. Töne visuell darzustellen, bleibt aber unbefriedigend. Ein besserer Weg ist, die Stimmen

anhand von Schallplatten, Tonbändern oder Tonkassetten kennenzulernen. Die nach wie vor beste Methode ist aber, man läßt sich von einem Kundigen draußen die Stimmen erklären.

Dies gilt natürlich in genau gleicher Weise, will man in die Pflanzenkunde oder irgendein anderes Gebiet der Biologie „einsteigen". Der sprichwörtliche Großvater, der den Kindern beibringt, wie ein Eichelhäher aussieht, ist nicht mit Geld zu bezahlen. Ein kundiger Freund ist natürlich ebenso hilfreich. Und schließlich kann jeder Interessierte auf den Exkursionen, die von den Naturschutzverbänden (s. Adressen Seite 123) an vielen Orten angeboten werden, eine Menge lernen.

Ein Herbar anlegen

So mancher hat den Wunsch, sich mit den Pflanzen näher zu beschäftigen. Er nimmt einige Exemplare mit nach Hause, betrachtet sie vielleicht mit der Lupe, stellt sie dann in die Vase, und nach einigen Tagen sind die Pflanzen verwelkt und reif für den Abfalleimer. Man könnte diese Pflanzen nun so aufbereiten, daß man längere Zeit an ihnen Freude hat – man könnte sich ein kleines Herbar anlegen.

Bevor man gezielt Pflanzen sammelt, sollte man sich allerdings genau informieren, welche Arten geschützt sind. Diese im Bestand bedrohten Pflanzen sollte man draußen sicher erkennen können, damit sie auf keinen Fall in den Sammelbehälter wandern. Früher waren Botanisiertrommeln üblich, heute tut es ein einfacher Plastikbeutel. Zweck der Übung: Die Pflanzen sollen frisch bleiben, bis sie weiterverarbeitet werden.

Zu Hause legt man sie auf ein Blatt saugfähiges Papier. Dabei ist darauf zu achten, daß alle wesentlichen Teile und Merkmale der Pflanze gut erkennbar sind. Es empfiehlt sich beispielsweise, Blätter sowohl von der Oberseite wie von der Unterseite zu zeigen. Besonders lange Pflanzen kann man im Bogen auflegen, andere muß man in einzelne Abschnitte zerschneiden. Dicke Stengel und Blütenköpfe kann man halbieren. Die Pflanze wird dann mit einer weiteren Lage Saugpapier bedeckt, darüber kommt eine Lage Zeitungspapier. Mehrere so vorbereitete Pflanzen legt man schließlich in die Presse. Diese kann eine käufliche Gitterpresse sein. Mit Löchern versehene Holzplatten (Fläche etwa 30 x 45 cm) und ein Riemen erzielen aber denselben Effekt, nämlich die Pflanzen zu pressen und ihnen dabei das enthaltene Wasser

Pflanzen und Tiere sammeln

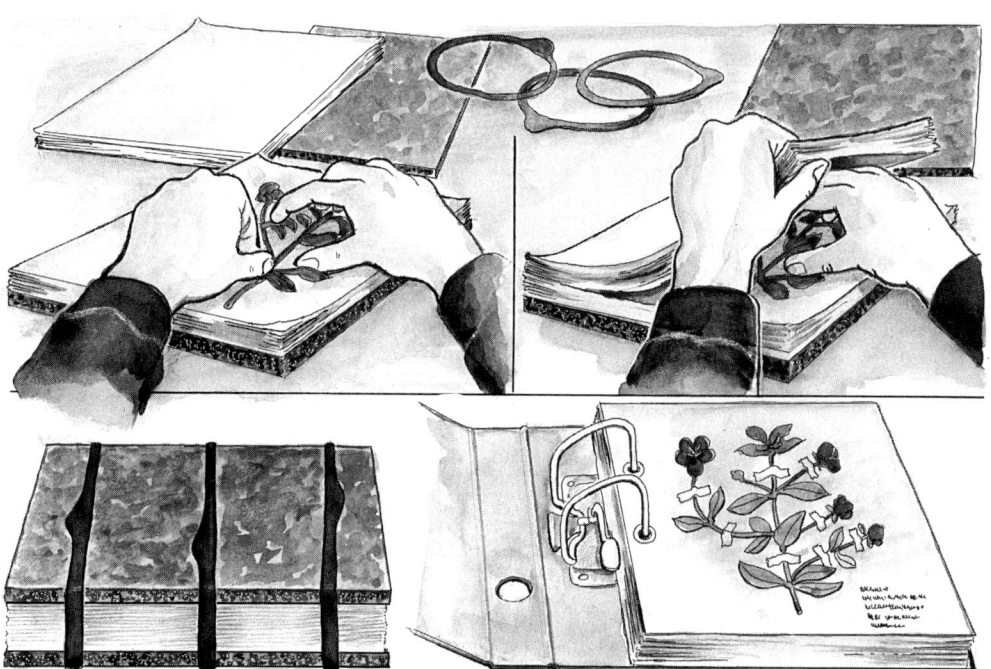

Saug- und Zeitungspapier, zwei Bretter, ein paar Gummiringe und etwas Geschick – mehr benötigt man nicht, um ein Herbar anzulegen. Das Sammeln von Pflanzen ist aber unbedingt auf häufige Arten und auf wenige Exemplare zu beschränken.

zu entziehen. Besonders wasserhaltige Pflanzen müssen mehrmals auf jeweils frisches Saugpapier gelegt werden, damit sie die Feuchtigkeit verlieren.

Ist die Pflanze gepreßt und trocken, befestigt man sie mit kleinen Klebestreifen auf einem sauberen Blatt, das dann – versehen mit dem Namen der Pflanze (sinnvollerweise ergänzt durch den wissenschaftlichen Namen), Fundort, Datum und vielleicht einer kleinen Zeichnung – der Sammlung einverleibt wird.

Wenn man dem Pflanzensammeln verantwortungsvoll nachgeht und sich auf das Abpflücken einzelner Exemplare beschränkt, ist dagegen nicht viel einzuwenden. Man darf aber nicht übersehen, daß die Objekte der Natur entnommen werden. Vielleicht ist da eine Alternative, beispielsweise eine Sammlung von abgefallenen Herbstblättern der verschiedenen Bäume anzulegen. Man kann auch die Früchte mancher Bäume – Zapfen von Nadelbäumen, Eicheln, Bucheckern, Haselnüsse – sammeln oder Rindenstücke und Holzquerschnitte (die man bei etwas handwerklichem Geschick auch polieren kann). Dies als Anregung, wie man Anschauungsmaterial zusammentragen kann, ohne lebende

Pflanzen und Tiere sammeln

Ein fertiges Herbarblatt. Die Pflanze ist gepreßt und trocken. Das Exemplar ist mit Namen, Fundort und Datum versehen und unter einer Klarsichthülle gut geschützt. Jetzt kann das Blatt in die Sammlung aufgenommen werden.

Pflanzen opfern zu müssen. Schließlich ist es auch durchaus reizvoll, die Pflanzen draußen zu zeichnen oder zu fotografieren. Auf diese Weise bekommt man ebenfalls eine schöne Kollektion zusammen. Sie hat den Vorteil, daß die natürlichen Formen und Farben festgehalten sind – im Gegensatz zum Herbar.

Tiere sammeln

Das Zeitalter der großen Käfer- oder Schmetterlingssammlungen, die rein zur privaten Erbauung angelegt werden, ist vorbei. Solche Sammlungen haben ihre Funktion, wenn anhand des Materials wissenschaftliche Untersuchungen angestellt werden. Als Naturfreund sollte man es bei Zeichnungen oder Fotos von lebenden Tieren bewenden lassen,

Hier hat der Habicht *(Accipiter gentilis)* eine geschlagene Ringeltaube *(Columba palumbus)* gerupft.

Die Federn kann man auf einen Bogen Pappe aufkleben. Wenn man in etwa die Position der Federn im Gefieder berücksichtigt, erhält man vorzügliches Anschauungsmaterial.

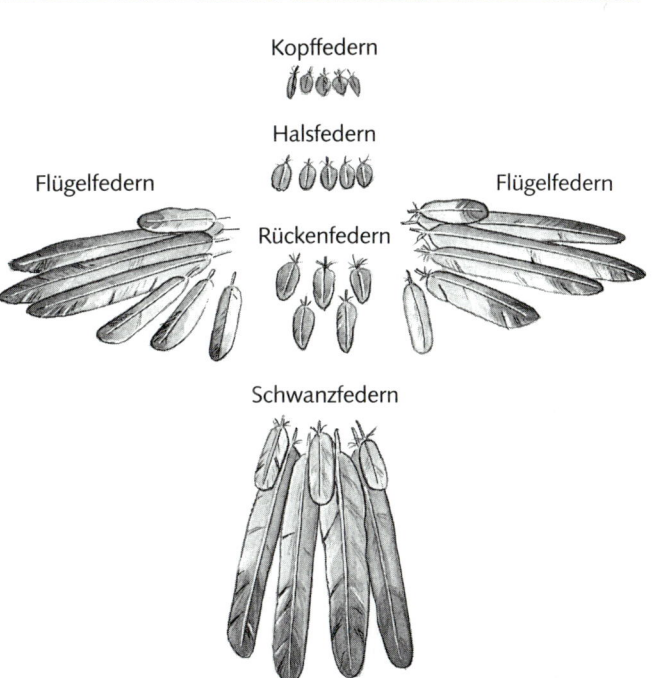

Kopffedern

Halsfedern

Flügelfedern

Rückenfedern

Flügelfedern

Schwanzfedern

vielleicht auch nur beim Anschauen. Dennoch findet man draußen immer wieder Dinge, die man aufheben möchte. Hier liegt ein leeres Schneckenhaus, dort vielleicht die abgestreifte alte Haut einer Ringelnatter und an einer dritten Stelle ein Gewölle des Waldkauzes – diese Dinge darf man durchaus mitnehmen. In Naturschutzgebieten kann aber auch dies – wie das Sammeln von Pflanzen – verboten sein. Viele Funde wird man einfach in passenden Pappschachteln unterbringen. Der eine oder andere mag sich auch einen kleinen Schaukasten oder gar eine Vitrine mit seinen Fundstücken anlegen. Manche Stücke kann man auch in Kunstharz eingießen. In einem durchsichtigen Plastikblock läßt sich das Objekt anschließend von allen Seiten betrachten. Die Methode ist durchaus zu erlernen, erfordert aber ein wenig Geschick und Erfahrung. Und sie kommt nur für trockenes Material in Frage.

Schöne Funde sind die Federn vieler Vögel. Die schwarzblauen Federn vom Flügelbug des Eichelhähers beispielsweise sind sehr auffällig, aber auch die großen Schwanzfedern eines Auerhahns. Wenn man das Glück hat, die Rupfung eines Greifvogels zu finden, kann man versuchen, die vielen Federn auf einem Pappbogen so aufzukleben, daß ihre ursprüngliche Position im Gefieder wieder sichtbar wird. Dies ist dann nicht nur befriedigend anzusehen, sondern man kann sich daran auch den ganz unterschiedlichen Bau von Dunen, Deckfedern, Flügel- und Schwanzfedern vor Augen führen.

Anschriften

Bund für Umwelt und
Naturschutz Deutschland
(Bund)
In der Raste 2
5300 Bonn 1

Bundesminister für Ernährung,
Landwirtschaft und Forsten
Rochusstraße 1
5300 Bonn 1

Bundesminister für Umwelt,
Naturschutz und
Reaktorsicherheit
Adenauerallee 141
5300 Bonn 1

Bundesverband
Bürgerinitiativen Umweltschutz
(BBU)
Friedrich-Ebert-Allee 120
5300 Bonn 1

Deutsche Ornithologen
Gesellschaft (DOG)
Natur-Museum Senckenberg
6000 Frankfurt

Deutscher Bund für Vogelschutz
(DBV)
Am Hofgarten 4
5300 Bonn 1

Deutscher Jugendbund für
Naturbeobachtung (DJN)
Mühlendamm 84 a
2000 Hamburg 76

Deutscher Naturschutzring
Bundesverband für
Umweltschutz (DNR)
Kalkuhlstraße 24
5300 Bonn 3

Gesellschaft für Ökologie
Untere Karspüle 2
3400 Göttingen

Greenpeace
Hohe Brücke 1
2000 Hamburg 11

Österreichische Gesellschaft
für Vogelkunde
Naturhistorisches Museum
A-1010 Wien

Österreichischer
Naturschutzbund (ÖNB)
Arenbergstraße 10
A-5020 Salzburg

Öko-Institut
Schönauerstraße 3
7800 Freiburg

Robin Wood
Postfach 10 21 22
2800 Bremen

Schutzgemeinschaft
Deutscher Wald
Meckenheimer Allee 79
5300 Bonn 1

Schweizer Vogelschutz/
Zentralstelle für
Vogelschutz (SKLV)
Postfach 332
CH-8036 Zürich

Schweizerische Gesellschaft für
Vogelkunde und Vogelschutz
Kernstraße 27
CH–8406 Winterthur

Stiftung zum Schutze
gefährdeter Pflanzen
Kalkuhlstraße 24
5300 Bonn 3

Umweltbundesamt
Bismarckplatz 1
1000 Berlin 33

Umweltstiftung WWF
Deutschland
Sophienstraße 44
6000 Frankfurt 90

Literatur, Tonträger

Bücher

Aas, G., Riedmiller, A.: GU Naturführer Bäume. Verlag Gräfe und Unzer, München 1987.

Aichele, D., Schwegler, H.W.: Welcher Baum ist das? Franckh'sche Verlagshandlung, Stuttgart 1976.

Aichele, D., Schwegler, H.W.: Unsere Moos- und Farnpflanzen. Franckh'sche Verlagshandlung, Stuttgart 1984.

Arnold, E.N., Burton J.A.: Pareys Reptilien- und Amphibienführer Europas. Verlag Paul Parey, Hamburg – Berlin 1979.

Bang, P., Dahlström, P.: Tierspuren. BLV Verlagsgesellschaft, München 1977.

Bergmann, H.-H., Helb, H.-W.: Stimmen der Vögel Europas. BLV Verlagsgesellschaft, München 1982.

Berthold, P., Bezzel, E., Thielcke, G.: Praktische Vogelkunde. Kilda-Verlag, Greven 1974.

Bezzel, E.: Mein Hobby: Vögel beobachten. BLV Verlagsgesellschaft, München 1982.

Bezzel, E.: Vögel. Band 1: Singvögel. BLV Verlagsgesellschaft, München 1983.

Bezzel, E.: Vögel. Band 2: Spechte, Eulen, Greifvögel, Tauben, Hühner u. a. BLV Verlagsgesellschaft, München 1984.

Blab, J., Nowak E., Trautmann, W., Sukopp, H.: Rote Liste der gefährdeten Tiere und Pflanzen in der Bundesrepublik Deutschland. Kilda-Verlag, Greven 1984.

Bolliger, M., Erben, M., Grau, J., Heubl, G.R.: Steinbachs

Naturführer – Strauchgehölze. Mosaik Verlag, München 1985.

Bouchner, M.: Der Kosmos-Spurenführer. Franckh'sche Verlagshandlung, Stuttgart 1982.

Brandt, K., Eiserhardt, H.: Fährten- und Spurenkunde. Verlag Paul Parey, Hamburg–Berlin 1953.

Brauns, A.: Taschenbuch der Waldinsekten. Band 1: Systematik und Ökologie. Band 2: Ökologische Freiland-Differentialdiagnose, Bildteil. Gustav Fischer Verlag, Stuttgart 1976.

Bruun, B., Singer, A., König, C.: Der Kosmos-Vogelführer – Die Vögel Deutschlands und Europas. Franckh'sche Verlagshandlung, Stuttgart 1986.

Chinery, M.: Insekten Mitteleuropas. Verlag Paul Parey, Hamburg-Berlin 1979.

Corbet, G., Ovenden, D.: Pareys Buch der Säugetiere. Verlag Paul Parey, Hamburg – Berlin 1982.

Dalton, S.: Wunder Wald. Gerstenberg Verlag, Hildesheim 1987.

Dylla, K., Krätzner, G.: Das biologische Gleichgewicht. Verlag Quelle & Meyer, Heidelberg 1977.

Frahm, J.-P., Frey, W.: Moosflora. Verlag Eugen Ulmer, Stuttgart 1983.

Garnweidner, E.: GU Naturführer Pilze. Verlag Gräfe und Unzer, München 1985.

Gerhardt, E.: Pilzführer. BLV Verlagsgesellschaft, München 1981.

Godet, J.-D.: Knospen und Zweige der einheimischen

Baum- und Straucharten. Verlag Neumann-Neudamm, Melsungen 1983.

Godet, J.-D.: Blüten der einheimischen Baum- und Straucharten. Verlag Neumann-Neudamm, Melsungen 1984.

Godet, J.-D.: Bäume und Sträucher. Weltbild Verlag, Augsburg 1987.

Grau, J., Jung, L., Münker, B.: Steinbachs Naturführer – Beeren, Wildgemüse, Heilkräuter. Mosaik Verlag, München 1983.

Grünert, H. und R.: Steinbachs Naturführer – Pilze. Mosaik Verlag, München 1984.

Harde, K.W., Severa, F.: Der Kosmos-Käferführer. Franckh'sche Verlagshandlung, Stuttgart 1981.

Hecker, U.: Laubgehölze. BLV Verlagsgesellschaft, München 1985.

Heinzel, H., Fitter, R., Parslow, J.: Pareys Vogelbuch. Verlag Paul Parey, Hamburg – Berlin 1972.

Jahns, H. M.: Farne, Moose, Flechten Mittel-, Nord- und Westeuropas. BLV Verlagsgesellschaft, München 1980.

Klausnitzer, B.: Insekten. Edition Leipzig, Leipzig 1987.

Kremer, B. P.: Steinbachs Naturführer – Bäume. Mosaik Verlag, München 1984.

Lang, A.: Spuren und Fährten unserer Tiere. BLV Verlagsgesellschaft, München 1985.

Laux, H. E.: Wildbeeren und Wildfrüchte. Franckh'sche Verlagshandlung, Stuttgart 1982.

Lippert, W., Podlech, D.: Großer Naturführer Blumen. Verlag

Gräfe und Unzer, München 1983.

Lohmann, M.: Darum brauchen wir den Wald. BLV Verlagsgesellschaft, München 1985.

Matz, G., Weber, D.: Amphibien und Reptilien. BLV Verlagsgesellschaft, München 1983.

Mayer, H.: Wälder Europas. Gustav Fischer Verlag, Stuttgart 1984.

Mayer, H.: Europäische Wälder. Gustav Fischer Verlag, Stuttgart 1986.

Meister, G., Schütze, C., Sperber, G.: Die Lage des Waldes. GEO im Verlag Gruner + Jahr, Hamburg 1984.

Müller, H. J.: Bestimmung wirbelloser Tiere im Gelände. Gustav Fischer Verlag, Stuttgart 1985.

Münker, B.: Steinbachs Naturführer – Wildblumen. Mosaik Verlag, München 1982.

Nicolai, J.: Fotoatlas der Vögel. Verlag Gräfe und Unzer, München 1982.

Nicolai, J., Singer, D., Wothe, K.: Großer Naturführer Vögel. Verlag Gräfe und Unzer, München 1984.

Pahlow, M.: Beeren und andere Wildfrüchte. Hallwag Verlag, Bern – Stuttgart 1976.

Paturi, F. R.: Der Wald. Deutscher Bücherbund, Stuttgart – München 1985.

Peterson, R. T., Mountfort, G., Hollom, P. A. D.: Die Vögel Europas. Verlag Paul Parey, Hamburg – Berlin 1973/76.

Podlech, D.: GU Naturführer Heilpflanzen. Verlag Gräfe und Unzer, München 1987.

Polunin, O.: Bäume und Sträucher Europas. BLV Verlagsgesellschaft, München 1980.

Poruba, M.: Der Kosmos-Waldführer. Franckh'sche Verlagshandlung, Stuttgart 1979.

Pott, E.: Mein Hobby: Natur fotografieren. BLV Verlagsgesellschaft, München 1985.

Pott, E.: Vögel in Wald, Park und Garten. Franckh'sche Verlagshandlung, Stuttgart 1988.

Pott, E., Siepe, K.: Pilze. Landbuch Verlag, Hannover 1986.

Raithelhuber, J.: Beeren und Waldfrüchte erkennen und benennen. Falken Verlag, Niedernhausen 1977.

Reichholf, J.: Steinbachs Naturführer – Säugetiere. Mosaik Verlag, München 1983.

Reichholf-Riehm, H.: Steinbachs Naturführer – Insekten (mit Anhang Spinnentiere). Mosaik Verlag, München 1984.

Sauer, F.: Steinbachs Naturführer – Landvögel. Mosaik Verlag, München 1982.

Schauer, T., Caspari, C.: Der große BLV-Pflanzenführer. BLV Verlagsgesellschaft, München 1982.

Schütt, P., Koch, W., Blaschke, H., Lang, K.J., Schuck, H.J., Summerer, H.: So stirbt der Wald. BLV Verlagsgesellschaft, München, 1983.

Schwenke, W.: Ameisen – Der duftgelenkte Staat. Landbuch-Verlag, Hannover 1985.

Sedlag, U.: Insekten Mitteleuropas. Ferdinand Enke Verlag, Stuttgart 1986.

Seidel, D., Eisenreich, W.: Foto-Pflanzenführer. BLV Verlagsgesellschaft, München 1985.

Stehli G., Brünner, G.: Pflanzensammeln – aber richtig. Franckh'sche Verlagshandlung, Stuttgart 1976.

Stern, H., Bibelriether, H., Burschel, P., Plochmann, R., Schröder, W., Schulz, H.: Rettet den Wald. Kindler Verlag, München 1979.

Thielcke, G.: Vogelstimmen. Springer-Verlag, Berlin 1970.

Wilmanns, O.: Ökologische Pflanzensoziologie. Verlag Quelle & Meyer, Heidelberg 1978.

Zahradnik, J.: Käfer Mittel- und Nordeuropas. Verlag Paul Parey, Hamburg-Berlin 1985.

Zahradnik, J.: Bienen, Wespen, Ameisen – Die Hautflügler Mitteleuropas. Franckh'sche Verlagshandlung, Stuttgart 1985.

Zimmermann, G.: Tiere unserer Wälder. DRW-Verlag, Stuttgart 1980.

Zimmermann, G. (1982): Zahlenlexikon Wald. DRW-Verlag, Stuttgart 1982.

Tonkassetten

Roché, J.C.: Die Vogelstimmen Europas. Franckh'sche Verlagshandlung, Stuttgart 1986.

Roché, J.C., Pott, E.: Vogelstimmen in Wald, Park und Garten. Franckh'sche Verlagshandlung, Stuttgart 1988.

Bildnachweis

Die Zeichnungen fertigte Fred Butzke, Balge (Bild-Kunst Nr. 3 0 73 78), nach Vorlagen des Verfassers.

Sämtliche Farbfotos von Dr. Eckart Pott, Stuttgart (Bild-Kunst Nr. 3 0 53 51).

Register

Natur erleben, Natur verstehen, Natur schützen

Die neuen populären Naturführer:
im Mittelpunkt stehen Lebensgemeinschaften,
Zusammenhänge und Wechselwirkungen.

NATUR ERLEBEN

KLEINGEWÄSSER
Teiche, Tümpel, Weiher

Eckhard Jedicke

Sie sind klein, aber wichtig. Vom Weiher
bis zu wassergefüllten Wagenspuren reicht
das Spektrum der Kleingewässer, die dieser
Naturführer vorstellt. Er hilft dabei, die enorme
ökologische Bedeutung dieser Feuchtbiotope
richtig einschätzen zu können. Gerade in ihrer
Vernetzung sind die verschiedenartigen
Wasserflächen unentbehrliche Lebens-
grundlage für viele Tiere und Pflanzen. Kaum
zu glauben, welche Vielfalt an Lebewesen
sich in und an einem kleinen Tümpel tummelt.

Hier die gesamte Reihe:

Herbert Zucchi
Wiese
ISBN 3-473-46096-6

Andreas Schulze
Vögel
im Garten, Park und Wald
ISBN 3-473-46097-4

Armin Maywald/Bärbel Pott
Fledermäuse
Leben, Gefährdung, Schutz
ISBN 3-473-46098-2

Eckart Pott
Wald
Pflanzen, Tiere, Biotope
ISBN 3-473-46094-X

Eckhard Jedicke
Kleingewässer
Teiche, Tümpel, Weiher
ISBN 3-473-46095-8

Eckhard Jedicke
Kleingewässer
Teiche, Tümpel, Weiher
ISBN 3-473-46095-8

Ravensburger Buchverlag Otto Maier GmbH

Von Ravensburger® gibt es:
Spiele, Kinder- und Jugendbücher, Puzzles, Hobby- und
Malprogramme, Sachbücher und Videoprogramme.